Gekonnt referieren.
Überzeugend präsentieren

Norbert Franck

Gekonnt referieren.
Überzeugend präsentieren

Ein Leitfaden für die Geistes-
und Sozialwissenschaften

Norbert Franck
Berlin, Deutschland

ISBN 978-3-531-18156-1   ISBN 978-3-531-18965-9 (eBook)
DOI 10.1007/978-3-531-18965-9

Die Deutsche Nationalbibliothek verzeichnet diese Publikation in der Deutschen Nationalbibliografie; detaillierte bibliografische Daten sind im Internet über http://dnb.d-nb.de abrufbar.

Springer VS
© VS Verlag für Sozialwissenschaften | Springer Fachmedien Wiesbaden 2012
Das Werk einschließlich aller seiner Teile ist urheberrechtlich geschützt. Jede Verwertung, die nicht ausdrücklich vom Urheberrechtsgesetz zugelassen ist, bedarf der vorherigen Zustimmung des Verlags. Das gilt insbesondere für Vervielfältigungen, Bearbeitungen, Übersetzungen, Mikroverfilmungen und die Einspeicherung und Verarbeitung in elektronischen Systemen.

Die Wiedergabe von Gebrauchsnamen, Handelsnamen, Warenbezeichnungen usw. in diesem Werk berechtigt auch ohne besondere Kennzeichnung nicht zu der Annahme, dass solche Namen im Sinne der Warenzeichen- und Markenschutz-Gesetzgebung als frei zu betrachten wären und daher von jedermann benutzt werden dürften.

Satz: text plus form, Dresden
Einbandentwurf: KünkelLopka GmbH, Heidelberg

Gedruckt auf säurefreiem und chlorfrei gebleichtem Papier

Springer VS ist eine Marke von Springer DE.
Springer DE ist Teil der Fachverlagsgruppe Springer Science+Business Media
www.springer-vs.de

Für Maria

Inhalt

Einleitung 9

**Selbstbewusst auftreten: Lampenfieber senken,
Ausstrahlung erhöhen** 15
1 Gelassener Umgang mit Lampenfieber 16
2 Ausstrahlung ist kein Geheimnis 21

Ansprechen statt langweilen: Referat und Vortrag 27
1 Ein Referat vorbereiten 28
   1.1 Ausgangs- und Bezugspunkt: Ziel, Zuhörerinnen und Zuhörer . 29
   1.2 Das Grundgerüst: Einleitung, Hauptteil, Schluss 31
   1.3 Eine gute Stütze: Das Manuskript 44
   1.4 Der letzte Schliff: Sprechprobe und mehr 49
   1.5 Checkliste: Vorbereitung eines Vortrags 52
2 Ein Referat halten 64
   2.1 Einstimmen statt verstimmen: Der Anfang 64
   2.2 Blickkontakt, Körperhaltung, Sprechtempo und mehr .. 67
   2.3 Der wirksame Schluss 72
   2.4 Vom Umgang mit kleinen Missgeschicken 73
   2.5 Einen Vortrag halten. 12 Empfehlungen 76

Medien professionell einsetzen 77
1 Warum visualisieren? 78
2 Was visualisieren? 82
3 Wie visualisieren? 92
4 Worauf es beim Medieneinsatz ankommt 96
5 Handout 100
6 Medieneinsatz: 12 Empfehlungen 102

Sprechen wie man spricht: Schreiben fürs Reden 105
1 Verständlich formulieren 106
2 Anschaulich formulieren 113
3 Vom Lese-Text zum Hör-Text 117
4 Rhetorische Stilfiguren 123
5 Schreiben fürs Reden: 7 Empfehlungen 127

In Diskussionen bestehen:
Strukturiert und bestimmt argumentieren,
souverän mit Fragen und Kritik umgehen 129
1 Strukturiert argumentieren 130
2 Bestimmt argumentieren 137
3 Fragen richtig „hören" und gelassen beantworten 143
4 Rhetorische Strategien abwehren 148
5 Vom Umgang mit schwierigen Diskussionsteilnehmern 154
6 In Diskussionen bestehen: 7 Empfehlungen 158

Auf einen Blick: Die 10 besten Hinweise
über das Reden (und Reden schreiben) 159

Literaturempfehlungen 161
Personenregister 163
Sachregister 165
Abbildungsverzeichnis 167

Einleitung

In Hochschulen wird viel verschenkt. Vor allem Chancen. Zum Beispiel die Chance, Studierende für Lernpsychologie oder Deutschdidaktik, für Wirkungsforschung oder Kommunikationstheorie zu begeistern, weil mit großer Lustlosigkeit Vor-Lesungen gehalten werden: keine *Vorträge* mit einem erkennbaren roten Faden und erhellenden Beispielen, sondern Zumutungen mit hundert „ähm" in fünfundvierzig Minuten oder neunzig Folien in einer Stunde.

Es würde uns sehr irritieren, wenn auf einer Party jemand laut mit sich selbst redet. Viele Studierende haben sich daran gewöhnt, dass Professoren dies in Hörsälen tun.

Hoffentlich ist es bald vorbei, wird Tag für Tag in vielen Seminaren lautlos geseufzt: Ein Student hält ein Referat. Die Zuhörerinnen und Zuhörer halten sich mühsam wach; die Langeweile hält an.

„Was du nicht willst, das man dir tu', das füg auch keinem andern zu." Alle kennen das Sprichwort. Doch nur wenige folgen bei Vorträgen und Referaten dieser Maxime.

An deutschen Hochschulen hält sich hartnäckig die Fiktion, wer ein guter Wissenschaftler oder eine gute Wissenschaftlerin sei, lehre auch gut. Deshalb ist nach wie vor die Chance gering, in Hörsälen gute Vorträge zu hören, die als Anregungen und Ansporn für eigene Referate oder Vorträge dienen könnten.

Hochschulen hierzulande sind paradoxe Orte: Es wird vorausgesetzt, was systematisch gelehrt und geübt werden müsste: die Fähigkeiten und Fertigkeiten ein Referat vorzubereiten oder einen Vortrag zu halten, Diskussionen zu bestreiten und zu leiten.

Weil trotz aller gegenteiligen Beschwörungen die Lehre noch immer stiefmütterlich (präziser: überwiegend *stiefväterlich*) behandelt wird, fehlen qualifizierte Seminare, in denen nach einem Referat auch darüber gesprochen wird, ob das Referat klar strukturiert war, ob es verständlich vorgetragen wurde, ob die *PowerPoint*-Präsentation gelungen war.

Seit die Bologna-Reformen[1] auf den Weg gebracht wurden, sprießen „Career", „Services" oder andere „Centers" wie Pilze aus dem Boden, die diesen Mangel beheben sollen. Deren Arbeit ist immer gut gemeint und selten gut gemacht, weil sie von wissenschaftlichen Standards abgekoppelt ist.

In den Sozial- und Geisteswissenschaften ist es besonders unverständlich, dass die Vermittlung der Schlüsselqualifikation vernachlässigt wird, einen Sachverhalt verständlich und interessant zu präsentieren. Sind doch für diese Disziplinen das Begründen und Verstehen, das Vergleichen, Interpretieren und Schlussfolgern – mithin der Diskurs, die Kommunikation – zentral.[2] Und wer nach dem Studium der Soziologie, Erziehungs- oder Betriebswirtschaft, der Germanistik oder Medienwissenschaft ins Berufsleben wechselt, kommt ohne die Qualifikation, Sachverhalte anschaulich und verständlich zu präsentieren, nicht voran.[3]

Was macht diese Qualifikation aus?

Worum es geht

In einem Seminar verlassen die Zuhörerinnen und Zuhörer nicht den Raum, wenn das Referat eines Studenten sie langweilt. Insofern ist die Hochschule ein Schonraum. Studierende trauen sich nicht zu gehen, wenn der Vortrag einer Professorin ihnen unverständlich bleibt. Insofern ist die Hochschule eine schulähnliche Veranstaltung. Vorgesetzte reagieren anders, wenn ein Referent sein Projekt nicht präzise vorstellt. Wer freiwillig zu einem Vortrag kommt, geht rasch wieder, wenn der Vortrag langweilig ist. Und die meisten Menschen verlassen nur dann Schreibtisch oder Wohnzimmer, wenn sie sich von einem Vortrag etwas erwarten, sei es einen Nutzen oder Unterhaltung. Deshalb muss bei einem Vortrag, einem Referat Interesse geweckt, muss das Publikum (intellektuell) „bei Laune" gehalten werden.

In diesem Leitfaden geht es um die Frage, wie es Ihnen gelingen kann, ein Thema, ein Projekt oder Anliegen *verständlich* und *interessant* zu präsentieren. Was ist notwendig, um nach vielen Stunden oder Wochen intensiver Auseinandersetzung mit einem Thema diese Arbeit so zu präsentieren, dass die Zuhörerinnen und Zuhörer interessiert zuhören? Was können Sie tun, um einen guten

---

1   Mehr dazu bei Armin Himmelrath: Handbuch für Unihasser. Köln 2009, 115 ff.
2   Mehr über Wissenschaft und wissenschaftliches Arbeiten in Norbert Franck: Handbuch Wissenschaftliches Arbeiten. 2. Aufl. Frankfurt/Main 2007, S. 279 ff.
3   Das bestätigen unter anderem die Untersuchungen des Bundesinstituts für Berufsbildung zur Entwicklung von Qualifikationsanforderungen. Vgl. Marc Hasse: Propheten der Arbeit. *Die Zeit* Nr.15 vom 3.4.2008.

Eindruck hinterlassen? Mein Ausgangspunkt – und ein Kontrapunkt zum Verständnis vieler Lehrenden: Referieren ist eine *soziale* Situation. Meine Anregungen befähigen zu einem situationsangemessenen Handeln. Ich zeige, wie Sie ein Thema „aufnahmefähig" und die Zuhörenden „aufnahmebereit" machen können.

Was Sie erwarten können

Ein interessanter Vortrag erfordert eine zielgerichtete Vorbereitung. Um die Vortragsvorbereitung geht es im zweiten Kapitel und um

- einen Anfang, der für Aufmerksamkeit sorgt
- einen Schluss, der gekonnt abrundet,
- das Stehen und Sitzen,
- die Gestik und Mimik,
- das Sprechen und Schweigen,
- das richtige Manuskript sowie
- den souveränen Umgang mit kleinen Pannen.

Im dritten Kapitel erfahren Sie, was einen *gekonnten* Medieneinsatz ausmacht, wie man sich wohltuend von den vielen *PowerPoint*-Plagegeistern unterscheiden kann, und was es heißt, eine Präsentation vorzubereiten, die auf der Höhe der Zeit ist.[4]

Schreiben fürs Hören steht im Mittelpunkt des vierten Kapitels. Worauf kommt es an, wenn Sie einen Text für einen Vortrag bzw. ein Referat schreiben? Was ist notwendig, damit Ihr Manuskript kein *Vorlese*-Text wird, sondern eine *Rede*-Text, den Sie flüssig sprechen und die Zuhörerinnen und Zuhörer gut verstehen können?

Wenn Sie im Seminar ein Referat, auf einer Tagung einen Vortrag halten oder im Beruf ein Projekt vorstellen, schließt sich meist eine Diskussion oder eine Fragerunde an. Im letzten Kapitel erläutere ich, wie Sie solche Situationen souverän bestehen können. Sie erfahren, wie Sie auf (Fang-)Fragen und (unsachliche) Kritik gelassen reagieren, in der Wissenschaft beliebte Bluffs durchschauen und Zumutungen abwehren können. Ich zeige, wie Sie sich mit prägnanten Beiträgen an

---

4 Alle Abbildungen in diesem Kapitel sind schwarz-weiß. Farbe wäre entschieden schöner. Allerdings hätte es Buchpreis allerdings enorm nach oben getrieben, die vielen Abbildungen in Farbe zu bringen – angesichts des schmalen Budgets der meisten Studierenden: wenig sinnvoll.

Diskussionen beteiligen und wie Sie die Wirkung eines Diskussionsbeitrags positiv verstärken können.

Strukturiert argumentieren, auf Fangfragen souverän reagieren, einen Vortrag interessant anfangen und gekonnt beenden – das ist Handwerk. Im ersten Kapitel geht es um selbstbewusstes Auftreten, um

- Selbstsicherheit,
- den Umgang mit Unsicherheit und Lampenfieber,
- die Frage, was den *guten* Redner, die *gute* Rednerin ausmacht.

Das Buch ist ein Angebot für Menschen, die etwas lernen wollen. Das Buch ist ein Angebot für Menschen, die das, was sie zu sagen haben, selbstbewusst, prägnant und originell präsentieren wollen.

Sie können Hinweise und Anregungen erwarten, die Ihnen helfen,

- das nächste Referat inhaltlich rund zu machen und interessant zu präsentieren,
- sich in Diskussion zu behaupten,
- souverän mit Kritik umzugehen und sich von rhetorischen Tricks oder Fangfragen nicht aus der Ruhe bringen zu lassen.

Nach der Lektüre dieses Buches wissen Sie, wie Sie

- einen Vortrag gezielt vorbereiten,
- souverän mit kleinen Vortragspannen umgehen,
- Medien professionell einsetzen,
- in Diskussionen strukturiert argumentieren und
- mit Lampenfieber umgehen können.

Verständlich, anschaulich, interessant – das sind Anforderungen, die an der Hochschule keinen großen Stellenwert haben. Vor allem deutsche Universitäten sind Institutionen, die auf gesellschaftliche Entwicklungen mit einiger Verzögerung reagieren. Für Referate und Vorträge gilt dies besonders. Deshalb hören Sie dort Vorträge, deren Stil und Präsentation noch nicht im 21. Jahrhundert angekommen sind: in unanschaulicher Schriftsprache vorgetragen, frei von jedem Anflug von Humor, Ironie oder anderen anregenden Zusätzen. Oder man verbietet Ihnen das „Ich" im Vortrag. Es kann daher sein, dass sich das, was ich Ihnen auf den folgenden Seiten empfehle, nicht mit dem deckt, was der eine oder andere Professor als gelungen versteht. Der Experte für Makroökonomie ist nun einmal nicht notwendig Fachmann für Kommunikation. Und die Spezialistin für neuere englische Literatur nicht notwendig eine Medienexpertin.

Arbeitshilfen sind eine paradoxe Angelegenheit: Vor der Hilfe steht die Arbeit. Sie müssen meinen Text lesen und prüfen, ob meine Vorschläge Ihnen nützen. Das Prüfen ist wichtig, denn es gibt kein wissenschaftlich gesichertes Wissen über den *guten* Vortrag, keinen Königsweg zur *gelungenen* Präsentation und keinen Ariadnefaden durch das Labyrinth von Diskussionsprozessen. Ich mache Ihnen plausible Angebote. Die Teilnehmerinnen und Teilnehmer meiner Seminare machen mit diesen Angeboten gute Erfahrungen. In diesen Seminaren können meine Vorschläge praktisch erprobt und überprüft werden. Das sollten Sie auch tun. Prüfen Sie mein Angebot kritisch. Und seien Sie dabei selbstkritisch, wenn Sie mit *das geht so nicht* oder *das kann man unmöglich machen* reagieren. Geht es wirklich *so* nicht? Oder trauen Sie sich bzw. können Sie es so *noch* nicht?

Trauen Sie sich, Neues und Ungewohntes auszuprobieren. Es lohnt sich.

Selbstbewusst auftreten:
Lampenfieber senken, Ausstrahlung erhöhen

Vor anderen reden, einen Vortrag, ein Referat, eine Rede halten – das ist für viele die schwierigste Redesituation. Studentin A wird nervös, wenn sie vor mehr als einem Dutzend Zuhörerinnen und Zuhörern reden soll. Für Doktorand B sind dreißig Personen die kritische Größe. Ganz unterschiedliche Befürchtungen gehen der Studentin und dem Nachwuchswissenschaftler durch den Kopf, wenn sie vor Publikum sprechen sollen.

Viele weichen, wenn es geht, der Situation aus, um sich nicht zu „blamieren". Damit ist die Schwierigkeit nicht aufgehoben, sondern nur verschoben. Und – trivial aber wahr –: Nur Übung macht den Meister oder die Meisterin.

Muss es gleich der *Meister* oder die *Meisterin* sein? Erwarten die Studierenden im Seminar oder die Teilnehmerinnen und Teilnehmer einer Konferenz rhetorische Glanzleistungen, achten sie nur darauf, ob die Studentin „es packt", wie der Doktorand „auftritt"? Oder erwarten die Zuhörerinnen und Zuhörer Informationen und Anregungen, ein Referat, das Hand und Fuß hat und verständlich vorgetragen wird, einen Vortrag, in dem eine originelle Idee verfolgt und auf unverständliche Formulierungen und Abkürzungen verzichtet wird?

Ich meine: Erwartet wird, dass die Anforderungen erfüllt werden, die vor dem zweiten Fragezeichen stehen. Und ich bin sicher, dass Sie mir zustimmen, wenn Sie von Ihren auf die Erwartungen anderer schließen.

Was ist notwendig, um diese Erwartungen zu erfüllen? Handwerk und Selbstvertrauen. Das Handwerk der Rhetorik steht in den folgenden Kapiteln im Mittelpunkt. In diesem Kapitel geht es um selbstbewusstes Auftreten, um Selbstsicherheit, um den Umgang mit Unsicherheit und Lampenfieber. Und es geht um eine Entzauberung: *Meisterschaft* – der „gute" Redner, die „gute" Rednerin, „Ausstrahlung" – ist nichts Geheimnisvolles, keine Frage der Begabung, sondern die Summe von Rede-Erfahrungen und Fähigkeiten, die gelernt werden können. Worauf es dabei ankommt, erläutere ich im zweiten Abschnitt dieses Kapitels.

1 Gelassener Umgang mit Lampenfieber

Ratschläge sind manchmal Schläge. Sie können zu Rückschlägen führen, wenn man auf der Suche nach Wegen ist, Unsicherheiten vor dem Reden abzubauen. Zum Beispiel die Ratschläge von Glaser und Smalley für ein selbstbewusstes Auftreten. Die beiden Amerikanerinnen raten Rednerinnen und Rednern: Brechen Sie „gleich am Anfang das Eis", denn das Publikum „entscheidet innerhalb der ersten 90 Sekunden, ob ein Vortrag gut sein wird oder nicht."[5] Und sie haben noch einen Tipp: Bereiten Sie sich auf Unvorhergesehenes vor – zum Beispiel dass der Reisverschluss Ihrer Hose oder Ihres Kleids aufreißt.

> Bei einem „hochoffiziellen Bankett" hielt die Vorsitzende die Auftaktrede. „Alle waren in eleganter Abendgarderobe, so auch die Vorsitzende. Während sie sprach, machte sie eine ungeschickte Bewegung, worauf prompt der Rückenreißverschluß ihres Kleides der Länge nach aufriß. Völlig ungerührt beendete sie ihre Ansprache, winkte dann einige der in der Nähe stehenden Offiziellen herbei und bat sie, ihre Namensschilder abzumachen und ihr diese als Provisorium für den Reißverschluß anzustecken."[6]

Es ist richtig: Die ersten 90 Sekunden eines Vortrags sind wichtig. Es ist jedoch schlicht Blödsinn zu behaupten, ein halbwegs gebildetes Publikum käme innerhalb von eineinhalb Minuten zu einem festen (Vor-)Urteil über die Qualität eines Vortrags. Die Aussage über das Schnell-Urteil impliziert, niemand würde sich für den Inhalt eines Vortrags interessieren, allen ginge es nur um den gelungenen oder misslungenen Anfang. Tatsache ist: Wer sich Vorträge nicht anhören muss, geht in der Regel aus Interesse an der Sache zu einem Vortrag.

Ratgeberautoren sind dankbar für jedes Klischee. Und so hält sich auch hartnäckig der „7-Prozent-Mythos", die Legende, von 100 Prozent Wirkung eines Vortrags entfalle lediglich 7 Prozent auf den Inhalt und der Rest auf Stimme und Mimik. „Mittlerweile wird in der Wissenschafts-Community der 7-Prozent-Mythos als das behandelt, was er ist: ein populärer Irrtum."[7]

Ich bewundere die Vorsitzende, die trotz des Malheurs mit dem Reißverschluss „ungerührt" ihre Rede fortgesetzt hat. Ich wäre irritiert. Vielleicht würde mir die Formulierung eingefallen, „bevor ich halb nackt fortfahre, bitte ich Sie,

---

5 Connie B. Glaser, Barbara S. Smalley: Erfolgsfaktor Selbstbewußtsein. Reinbek 1998, S. 5.
6 A. a. O., S. 59.
7 Jens Kegel: Selbstvermarktung freihändig. Göttingen 2009, S. 25.

mir mit einer Sicherheitsnadel aus der Klemme zu helfen." Vielleicht. Vielleicht sollte ich künftig außer meinem Manuskript auch Sicherheitsnadeln zu Vorträgen mitnehmen. Oder ist es sogar ratsam, mit einer Ersatzgarderobe zu Vorträgen zu reisen? Schließlich könnte uns im Zug jemand Kaffee über die Hose schütten oder Senf auf das Kleid kleckern.

Gut gemeint ist das Gegenteil von gekonnt. Die Was-mache-ich-wenn-Spirale ist unendlich und kann zur Verzweiflung führen. Dagegen ist der Rat enorm hilfreich, bei Nervosität vor einer Rede einen Apfel zu essen, weil Pektin eine angstlösende Wirkung zugeschrieben wird.

Sicher ist es sinnvoll, für „Standardpannen" gerüstet zu sein: Ein Bus oder Zug kann Verspätung haben. Planen Sie deshalb Zeitreserven ein. Kopierer gehen kaputt. Kopieren Sie deshalb die Unterlagen für eine Präsentation oder einen Vortrag nicht auf den letzten Drücker. Aber der Versuch, sich auf *Unvorhergesehenes* vorbereiten zu wollen, ist logisch betrachtet unsinnig und psychologisch betrachtet selbstschädigend.

Reden, Referate und Vorträge haben einen Anfang und einen Schluss. Das ist vorhersehbar. Anfang und Schluss sind eine besondere Herausforderung. Man braucht Know-how, um diese Herausforderungen zu meistern (darum geht es in den folgenden Kapiteln). Know-how gibt Sicherheit. Vorhersehbar ist für viele allerdings auch, dass sich trotzdem Nervosität, Unsicherheit oder Lampenfieber einstellt. Was tun?

Nicht überfordern

Fehlt die Erfahrung, Übung und Routine mit Vorträgen und Diskussionen in großer Runde, mit Reden vor dem Mikrofon und im Umgang mit versierten Bluffern, Vielrednern, Besserwissern usw. – dann sind Aufregung, Anspannung, Nervosität eine normale Stressreaktion. Das ist nicht angenehm, aber wichtig zu wissen. Es bedeutet, sich seiner Situation bewusst, selbstbewusst zu sein.

Wenn Sie sich zum ersten Mal am Berg abseilen oder nach einigen Übungsstunden im Swimmingpool im offenen Meer tauchen, sind Sie aufgeregt, nervös, angespannt oder unsicher. Sie wollen Klettern oder Tauchen lernen. Sie nehmen die Aufregung, Nervosität, Anspannung oder Unsicherheit auf sich, weil Sie zuversichtlich sind, dass Sie die Anforderungen meistern. Und Sie nehmen die Freude vorweg, *richtig* Klettern bzw. Tauchen zu können. Erfolgszuversicht und Vorfreude lassen Sie Risiken eingehen.

Sie wissen: Tauchen oder Abseilen müssen Sie lernen. Reden auch. Sie sind selbstbewusst, wenn Sie sich einräumen, dass Sie *lernen* müssen, Vorträge und Reden zu halten, Workshops zu moderieren und Diskussionen zu bestreiten oder zu leiten. Sie überfordern sich, wenn Sie von sich verlangen, dass Sie es *können* müssen. Gedanken, Ideen und Argumente in eine für Zuhörerinnen und Zuhörer verständliche und interessante Form zu bringen, muss geübt werden. Diese Fähigkeit ist kein Nebenprodukt der Auseinandersetzung mit einem Thema oder Studienfach.

Was passiert eigentlich in unserem Körper, wenn wir aufgeregt sind, wenn wir Lampenfieber haben, weil wir im „Rampenlicht" stehen (das im Theater früher „die Lampen" hieß – man brachte „die *Räuber* vor die Lampen")?

In bedrohlichen Situationen wird vermehrt Adrenalin und Noradrenalin freigesetzt. Diese Hormone ermöglichen dem Körper schlagartig Hochleistungen. Zugleich schränken sie die Denkfähigkeit ein. Für die Selbsterhaltung ist diese Stressreaktion biologisch sinnvoll. Der Vogel wird nicht alt, der erst lange „überlegt", wie er sich gegenüber einer nahenden Katze verhalten soll. Und eine Taucherin, die lange nachdenkt, ob sie auftauchen soll, wenn ihr Sauerstoffvorrat zu Ende geht, bringt sich in Lebensgefahr.

Vor anderen zu reden, ist keine körperliche Bedrohung. Warum stellt sich trotzdem häufig die geschilderte Reaktion ein? Aus drei Gründen:

- Erfahrung und Routine fehlen;
- von einem Vortrag oder einer Präsentation kann viel abhängen – zum Beispiel eine gute Note;
- anders als beim Klettern oder beim Tauchen stellt sich keine Erfolgszuversicht ein.

Diese drei Faktoren wirken häufig zusammen – mit unterschiedlichen Ergebnissen. Ein Beispiel: Als ich meinen Führerschein machte, war ich vor der Fahrprüfung nervös. Mir fehlte auch nach 23 Fahrstunden noch die Sicherheit und Routine. Und ich war aufgeregt, weil es um etwas ging, um die Erlaubnis Auto zu fahren.

Ich bin durchgefallen und war traurig und ärgerlich. Nach einem Tag war ich darüber weg: Die Welt ging nicht unter (nur mein Kontostand runter). Im zweiten Anlauf habe ich es geschafft.

Ich verallgemeinere dieses Beispiel: Entscheidend ist die *Bewertung* einer Situation bzw. Anforderung. Die Führerscheinprüfung war für mich Mittel zum Zweck. Mehr nicht. Auto fahren zu *können* war (und ist) für mich keine prestigebesetzte Qualifikation. Mir ist wichtig, gut Auto fahren zu können, weil mir mein Leben lieb ist. Auf das Lob, ein guter Autofahrer zu sein, kann ich verzichten.

Ein anderes Beispiel: Eine ganze Reihe meiner Bekannten kokettiert damit, von Mathematik *überhaupt keine Ahnung* zu haben. Je weniger sie Mathematik in ihrem Beruf brauchen, desto größer ist die Wahrscheinlichkeit, dass sie bei jeder passenden oder unpassenden Gelegenheit bekennen, von Mathematik *überhaupt keine Ahnung* zu haben.

Wer so spricht, mag Mathematik nicht und braucht Mathematik (scheinbar) nicht. Wer so spricht, macht eine Voraussetzung: Niemand verlangt oder erwartet, dass ich in Mathematik fit sein muss.

Ich kann nicht gut kochen. Das ist mir nicht peinlich. Viele Menschen würden gerne Klavier, Geige oder ein anderes Instrument spielen können. Dass sie es nicht können, schmälert nicht ihr Selbstwertgefühl. – Kurz: Mathematische, kulinarische und musikalische Kompetenzen sind in diesen Beispielen nicht wichtig für das eigene Selbstwertgefühl.

Das ist beim Reden vor einem (großen) Publikum für viele anders. Die eigene Bewertung bewegt sich zwischen zwei Polen: Selbstbewusstsein und Selbstüberforderung.

Selbst*bewusst* heißt – als stiller Dialog formuliert:

- Ich habe keine Routine. Deshalb ist der nächste Vortrag, die nächste Präsentation oder Rede eine gute Übungsmöglichkeit.
- Ich will in der vorgegebenen Zeit mein Thema präzise und verständlich vortragen. Rhetorische Glanzleistungen hebe ich mir für das nächste Referat, für den übernächsten Vortrag auf.

Selbst*überforderung* meint die Anforderung, keine Fehler machen zu dürfen, perfekt sein zu müssen. Selbstüberforderung wird durch Gebote und Verbote gesteuert:

- Ich darf nicht rot werden.
- Ich muss sicher wirken.
- Mir darf kein Satz verunglücken.
- Ich muss meine Rede ohne Versprecher bestreiten.

Das sind hausgemachte Vorschriften. Was wird tatsächlich verlangt? Verlangt wird

- ein strukturierter Vortrag – kein perfekter „Auftritt",

- ein verständliches Referat – kein rhetorisches „Feuerwerk",
- Sachkenntnis – keine Perfektion,
- ein origineller Gedanke, ein interessanter Gesichtspunkt, eine klare Meinung – keine Show.

Selbstüberforderung kann auch dann eintreten, wenn man alle Energie darauf richtet, einen guten Eindruck zu machen, wenn man dem Motto folgt: Ich bin nur dann gut, wenn das Publikum mich gut findet. Damit erhalten die Zuhörerinnen und Zuhörer enorme Macht über das Selbstwertgefühl eines Redners. „Potenzielle Energiespender – wie echte Begeisterung für das Thema oder wirkliches Interesse an den Zuhörern – gehen ... unter dem Druck des Perfekt-sein-Müssens" verloren.[8]

Die Alternative: Auf die Sache konzentrieren und an die Zuhörerinnen und Zuhörer denken. Darum geht es im zweiten Kapitel. Die Anforderungen, die mit einem Referat verbunden sind, und die eigenen Fähigkeiten selbstbewusst einschätzen. Darum geht es zunächst.

Anforderungen und Fähigkeiten selbstbewusst einschätzen

Nobody is perfect. Niemand hält einen Versprecher oder einen verunglückten Satz für eine Katastrophe oder eine Zumutung. Und rhetorische Glanzleistungen sind rar. Die meisten Zuhörerinnen und Zuhörer sind zufrieden, wenn ein Vortrag „Hand und Fuß" hat, wenn ein Diskussionsbeitrag verständlich ist oder zum Nachdenken anregt. Wenn dann noch gute Folien eingesetzt und informative Unterlagen (vgl. Kapitel 3) verteilt werden, ist das mehr als in der Regel geboten wird.[9]

Deshalb ist es offenkundig nicht die Anforderung selbst, die beunruhigt. Vielmehr bereiten die *Vorstellungen* über die Anforderung Unbehagen. Diese Vorstellungen rufen Gefühle hervor. Beruhen unsere Vorstellungen auf falschen Annahmen, lösen sie Gefühle aus, die unsere Handlungsfähigkeit beeinträchtigen können. Solche falschen Annahmen gehen in folgenden Worten durch den Kopf:

---

8 Maud Winkler, Anka Commichau: Reden. Handbuch der kommunikationspsychologischen Rhetorik. Reinbek 2005, S. 17.
9 Sie müssen auch nicht die warme (und für Männer: tiefe) Idealstimme haben. Es genügt, verständlich, nicht zu schnell, nicht zu leise zu sprechen und sowohl die Sprechgeschwindigkeit als auch die Lautstärke zu variieren (vgl. S. 70). Viele Stars und Sternchen sind auf vielen TV-Kanälen der nervige Beweis, dass Karriere auch mit einer Quäkstimme möglich ist. Und in Süddeutschland müssen Minister(-Präsidenten) so manches können, aber kein Hochdeutsch.

Wenn ich einen Vortrag halte, geht das schief. Wenn es schief geht, kann ich mit den Konsequenzen nicht umgehen.

Eine rationale Betrachtung der Anforderung und Ihrer bisherigen Erfahrungen wird zu folgendem Ergebnis führen: Ich bin in meinem Studium gut vorangekommen, ich habe mich sorgfältig vorbereitet – daher weiß ich: Es geht *nicht* notwendig schief, wenn ich ein Referat halte. Das Gegenteil ist auch möglich. Die Welt geht *nicht* unter, wenn mir zwei oder drei Sätze verunglücken, wenn ich an einer Stelle hängen bleibe oder am Anfang rot werde. Mit diesen Schwächen werde ich fertig.

Gelingt diese selbstbewusste Betrachtung von Anforderungen und Erfahrungen, ist das ein gutes Stück auf dem Weg zum selbstsicheren Auftreten. Wie kann das Vorankommen beschleunigt werden?

- *Verlangen Sie nicht zu viel auf einmal.* Wenn sich vor einem Referat oder einem Vortrag körperliche Stress-Symptome einstellen, verlangen Sie *in der Situation* nicht zu viel von sich; verlangen Sie nicht, dass Sie sich wohlfühlen. Dieser Zustand lässt sich nicht herbeizaubern. Er ist Ergebnis von Übung und Erfahrung. Konzentrieren Sie deshalb Ihre Energien auf Ihre Rede. Und machen Sie sich bewusst: Das Publikum kann nicht in Ihr Innenleben schauen. Die Zuhörerinnen und Zuhörer sehen nicht, dass Ihr Blutdruck steigt oder Ihr Herz höher schlägt. Ihr Publikum hört auch in den meisten Fällen nicht Ihre Stimme „zittern" (wir hören uns anders reden – mit dem „Innenohr" – als die anderen, die unsere Stimme mit dem „Außenohr" aufnehmen).
- *Stellen Sie Ihr Licht nicht unter den Scheffel.* Darum geht es im nächsten Abschnitt.

2 Ausstrahlung ist kein Geheimnis

Rhetorik ist Handwerk. Ich weiß nicht, ob Handwerk heute noch „goldenen Boden" hat. Ich weiß: Bei Vorträgen oder Diskussionen ist Handwerk nicht alles; aber ohne Handwerk ist alles nichts. Wenn Handwerk nicht alles ist, was fehlt dann? Das, was sich (fast) alle (heimlich) wünschen: *Ausstrahlung*. Was ist *Ausstrahlung*? Ein Phänomen, unter dem alle etwas anderes verstehen. Ich versuche eine Annäherung an dieses Phänomen. Vier Faktoren machen *Ausstrahlung* aus:

1. *Kompetenz:* Jemand versteht etwas von der Sache, über die sie oder er redet.
2. *Begeisterung:* Die Rednerin oder der Redner findet wichtig und interessant, worüber sie oder er spricht.

3. *Freude:* Die Rednerin macht deutlich, dass sie sich freut, andere über ein interessantes Thema, einen guten Vorschlag oder ein erfolgreiches Projekt informieren zu können.
4. *Freundlichkeit:* Der Redner formuliert Gedanken so, dass sein Publikum sie verstehen kann.

Kompetenz, Begeisterung, Freude und Freundlichkeit ermöglichen Ausstrahlung. An allen vier Punkten hakt es bei vielen Rednerinnen und Rednern. Auf die ersten drei gehe ich auf den folgenden Seiten ein; der vierte Punkt ist eine Frage des Handwerks und Thema der nächsten Kapitel. Woran hakt's?

Die Teilnehmerinnen und Teilnehmer meiner Seminare sind verblüfft, wenn ich Teile ihres Vortrags in anderen Worten *begeistert* vortrage, wenn ich ihnen ein Kompliment über ihre fachliche *Kompetenz* mache oder ihnen sage, dass ich ihren Vortrag *interessant* fand.

Ich mache keine falschen Komplimente. Und ich will mich nicht für die Fähigkeit loben, Passagen aus Vorträgen anderer mit Nachdruck vortragen zu können. Das gelingt mir deshalb, weil ich – anders als die Teilnehmerinnen und Teilnehmer, die dafür die Vorlage erarbeitet haben – ein Leiden nicht habe: nur Zweifel und Mühen statt Erträge zu sehen. Was sind die Symptome dieses Leidens und welche Gegenmittel gibt es?

Kompetenz

Die Vorträge und Referate, die ich meinen Seminaren höre, sind oft langatmig und umständlich. Sehr unterschiedliche Teilnehmerinnen und Teilnehmer machen den gleichen Fehler: Sie verstecken sich.

Doktoranden und wissenschaftliche Mitarbeiterinnen schmücken ihre Vorträge mit akademischem Zierrat: Auf Zitate bekannter Autoritäten folgen – bevor es zur Sache geht – wenig originelle Ausführungen zum „theoretischer Bezugsrahmen". Der Doktorand der Geschichte verwendet den Konjunktiv, der seinem Vortrag jedes Leben entzieht und zu sprachlichen Kapriolen führt – etwa wenn „ein partieller Zugang *unter Umständen* durch ein indirektes Vorgehen *denkbar wäre*." Die Soziologin schwankt, ob sie in einer aktuellen Debatte Flagge zeigen oder nur demonstrieren soll, dass sie die einschlägige Literatur kennt. Das Ergebnis ist eine Mischung aus schwergängig formulierten Selbstverständlichkeiten und schwammigen Festlegungen, die signalisieren: Ich drücke mich nicht präziser aus, um bei Bedarf meine Aussagen relativieren und damit Kritik umgehen zu können.

Der Historiker und die Soziologin orientieren sich an dem, was sie in ihrer Disziplin gelesen und gehört haben – und verbauen sich die Chance, einen guten Vortrag zu halten: In einem Meer von Zitaten, Absicherungen und Relativierungen geht die *eigene* Leistung, der *eigene* Beitrag, die *eigene* Fragestellung, das *eigene* Ergebnis schnell unter. Eine Standard-Frage an die Teilnehmerinnen und Teilnehmer meiner Seminare lautet daher: „Und was haben *Sie* herausgefunden?" Die so Angesprochenen sind irritiert und antworten: „Aber ich habe doch deutlich gemacht, dass …". – Meine Erwiderung: „Nein, das haben Sie nicht *deutlich* gemacht."

Statt die eigene Leistung deutlich zu machen, statt einen interessanten Vortrag zu halten, folgen viele dem Motto „Wer der Menge tief scheinen möchte, bemüht sich um Dunkelheit."[10] Die Folge: Misserfolg. Der Grund: Wenn die Vorträge eines renommierten Wissenschaftlers „dunkel" bleiben, reagieren die meisten Zuhörerinnen und Zuhörer nach dem Grundsatz, „im Zweifel für den Angeklagten": Ich habe die Ausführungen wohl nicht richtig verstanden, für *mich* war das zu kompliziert, *mir* fehlen wahrscheinlich die Voraussetzungen, um folgen zu können. Tritt die oder der Vortragende ohne Vorschusslorbeeren an, urteilt das Publikum anders: *Der* Vortrag war konfus, *die* kann ihre Gedanken nicht strukturieren, *der* hatte sein Thema nicht im Griff.

In beiden Fällen gefällt den Zuhörenden der Vortrag nicht. Nur die Schuldzuweisungen fallen unterschiedlich aus. Deshalb empfehle ich allen, die nicht den Ruf einer *Kapazität* haben:

- Wenn Sie über ein kompliziertes Thema sprechen, drücken Sie sich nicht kompliziert aus, sondern präzise und verständlich. Von einer Psychologin, die über geistig gestörte Menschen spricht, erwarten wir auch, dass sie sich nicht wie eine Geisteskranke ausdrückt.
- Achten Sie darauf, dass Ihre Leistungen deutlich werden. Das Personalpronomen *Ich* und eindeutige Verben sind dafür die angemessenen sprachlichen Mittel (s. a. Kapitel 5). Ein Beispiel:

„Im zweiten Teil wird der Einfluss der Arbeitszufriedenheit auf das Konsumverhalten untersucht."	„Im zweiten Teil zeige ich, wie Arbeitszufriedenheit den Konsum beeinflusst."

---

10 Friedrich Nietzsche: Sämtlich Werke, Bd. 3. Kritische Studienausgabe. Hrsg. Von Giorgio Colli und Mazzino Montinari. München 1980, S. 500.

Die meisten Menschen wollen klare Worte hören. Sagen Sie deshalb unmissverständlich, was *Sie* meinen, vorschlagen oder herausgefunden haben: „*Ich* zeige (schlage vor, empfehle) ..." Sprechen Sie *würde*los: „Ich meine, ...", „Ich behaupte daher, ..." Und vermeiden Sie *man* bzw. *wir*, den Pluralis Majestatis.

Ich empfehle nicht, dick aufzutragen, ein *Ich* an das andere zu reihen. Eigenlob stinkt, und die Attitüde, ich kenne keine Zweifel, sondern nur „Siege", ist mir zuwider. Ich rate, die eigene Meinung, Bewertung oder Leistung nicht zu verstecken:

- wenn Sie über *Ihr* Konzept sprechen: *Mein* Konzept,
- wenn Sie das Ziel *Ihres* Vortrags nennen: *Ich* verfolge das Ziel,
- wenn Sie ...: *Ich* habe gezeigt, belegt, demonstriert, deutlich gemacht ...

Kurz: Ein Vortrag, eine Rede ist kein Kriminalroman. Die Zuhörerinnen und Zuhörer wollen zu jedem Zeitpunkt wissen, *who dun it?*

Begeisterung

Mir gelingt es, Passagen aus den Vorträgen der Teilnehmerinnen und Teilnehmer meiner Seminare mit Begeisterung vorzutragen, weil ich ihre Ergebnisse in den Mittelpunkt stelle und nicht von ihren Mühen des Wegs zu den Ergebnissen geplagt werde.

Diese Haltung lässt sich – vor einem und für einen Vortrag – auch dann einnehmen, wenn man täglich mit diesen Anstrengungen konfrontiert ist: Die Mühen und Zweifel sind *meine* Angelegenheit und Thema von Gesprächen mit verständnisvollen Kolleginnen oder hilfreichen Freunden. Mein Publikum will Ergebnisse, Anregungen und Neues hören. Das habe ich zu bieten. Das mache ich deutlich – und nur das.

Wenn Sie sich intensiv mit einem Thema beschäftigt haben, dann kann es ja nicht unwichtig oder langweilig sein. Schließlich haben *Sie* sich damit beschäftigt. Schauen Sie deshalb hin und wieder – ein Referat oder eine Präsentation ist dafür ein guter Anlass – mit Abstand auf die eigene Arbeit, um den Ertrag nicht aus den Augen zu verlieren. Sie sind auf eine gute Meinung von sich und Ihren Leistungen angewiesen. Orientieren Sie sich am Bergsteigen: Der Aufstieg ist zwar häufig anstrengend. Aber auf dem Gipfel haben Sie einen herrlichen Ausblick.

Worüber berichten Sie Ihren Freundinnen und Bekannten, wenn Sie aus den Bergen zurück sind? Die meisten schwärmen von den tollen Aussichten. Das ist eine gute Orientierung für Referate und Vorträge: Stellen Sie bei der nächsten Gelegenheit Ihre Begeisterung über den gewonnenen Über- oder Durchblick in den Vordergrund. Man wird Ihnen gerne zuhören. Nur wer selbst begeistert ist, kann andere begeistern.

Freude

Wenn Sie etwas Interessantes, Neues, Weiterführendes herausgefunden haben, ist das ein Grund zur Freude – und ein guter Grund, andere darüber zu informieren. Wenn andere darüber informiert werden möchten, ist das ein weiterer Grund zur Freude. Freuen Sie sich über Ihr Privileg, Publikum zu haben. Diese Freude überträgt sich: Die Zuhörerinnen und Zuhörer fühlen sich wohl (und sehen Ihnen Versprecher und verunglückte Sätze nach).

Mit diesem Hinweis will ich nicht über Lampenfieber oder Unsicherheit hinweggehen, sondern auf eine nützliche Denkrichtung hinweisen und darauf, dass beides möglich ist: Lampenfieber haben und sich freuen. Was Sie tun können, damit die Freude vorherrscht, ist Thema der folgenden Seiten.

Dieses Kapitel schließe ich mit einer zusammenfassenden Feststellung: Selbstsicheres Reden ist Resultat von Handwerk und der (Selbst-)Vergewisserung,

1. *ich* habe etwas zu sagen (Kompetenz);
2. *ich* bin – in aller Bescheidenheit – zufrieden ist mit dem, was ich zu sagen habe (Begeisterung);
3. *ich* weiß, dass in einer Zeit, in der Aufmerksamkeit ein sehr knappes Gut ist, Zuhörerinnen und Zuhörer ein Privileg sind (Freude).

Und deshalb ist es mir wichtig, diese Aufmerksamkeit angemessen zu würdigen (Freundlichkeit). Wie Sie Ihr Publikum freundlich stimmen können, erfahren Sie in den folgenden Kapiteln.

Ansprechen statt langweilen: Referat und Vortrag

„Beherrsche die Sache, dann folgen die Worte" – meinte der römischen Konsul Cato, der seine Reden mit der Bemerkung beendete: „Im Übrigen bin ich der Ansicht, dass Karthago zerstört werden muss".
Ein Mann, ein Wort – ein Irrtum.
Viele erschöpfen ihre Zuhörerinnen und Zuhörer, wenn sie in ihrem Vortrag einen Sachverhalt *erschöpfend behandeln*. Sie kennen sie: den Dozenten, der verliebt in sein Thema Detail um Detail ausbreitet und ohne Rücksicht auf die Zuhörenden ankündigt, dass er auf einige „vertiefende Hinweise" oder „aufschlussreiche Zahlen" bzw. „geschichtliche Hintergründe" nicht verzichten könne. Sie haben sie schon erlebt: die Professorin vom Typ „Folienschleuder", die mit unzähligen Folien ermüdet.
Sie haben

- festgestellt, dass es nicht genügt, *zur Sache* zu reden, wenn man zu Menschen spricht;
- bei manchen Vorträgen an den Goethe-Satz gedacht, „Getretener Quark wird breit, nicht stark"[11];
- registriert, dass der Beifall, den der eine oder die andere beim Zusammenfalten des Manuskripts erhält, ein Ausdruck der Erleichterung ist.

Sie wollen

- bei Ihren Referaten bzw. Vorträgen das Sprichwort beherzigen, „was du nicht willst, das man dir tu, das füg auch keinem andern zu";
- es besser machen als die Folienschleuder, der Ermüder oder Exkursfanatiker;
- wollen nicht alles ganz anders, aber mehr aus Ihren Referaten, Vorträgen oder Präsentationen machen.

---

11 Johann Wolfgang von Goethe: Gedenkausgabe der Werke, Briefe und Gespräche. Hrsg. Von Ernst Beutler. Zürich und Stuttgart 1948 ff., Bd. 3, S. 340.

In diesem Kapitel finden Sie Hinweise, die helfen, dieses Vorhaben umzusetzen – von A wie Aufmerksamkeitswecker bis Z wie Zusammenfassung.

Der Grundgedanke, der dieses Kapitel strukturiert, ist einfach: Ein Vortrag ist eine soziale Situation. Meine Anregungen unterstützen ein situationsangemessenes Handeln; sie helfen, Ihre Themen und Anliegen, die Präsentation Ihrer Ergebnisse oder Vorschläge so aufzubereiten und vorzutragen, dass Ihre Zuhörerinnen und Zuhörer Ihnen folgen können und wollen.

1 Ein Referat vorbereiten

Wenn Banker zu Dichtern werden, dann holpert's gelegentlich. So bei Kurt Morgen, der in Versen einen wichtigen Hinweis gibt:

„Selbst das rhetorische Talent,
Das man als freien Redner kennt,
Bedarf zur klugen Wortverbreitung
Der intensiven Vorbereitung.
Schwätzer mögens etwas seichter
Und haben es von daher leichter."[12]

Das sind die Faktoren, die bei der Vorbereitung zu beachten sind:

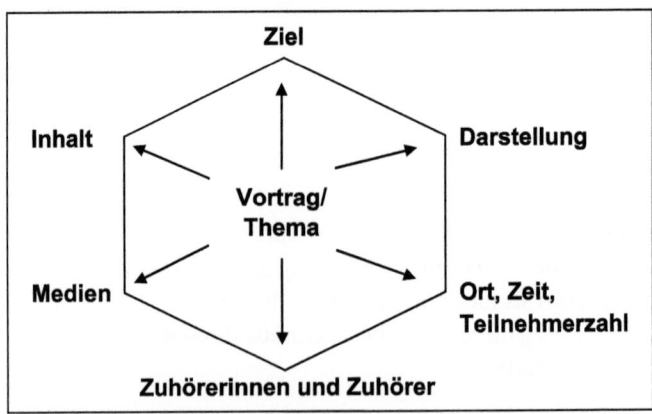

Abbildung 1 Was bei der Vorbereitung eines Vortrags zu berücksichtigen ist

---

12 Kurt Morgen: Manager-Sichten reflektiert in Gedichten. Frankfurt/Main 2001, S. 62.

1.1 Ausgangs- und Bezugspunkt: Ziel, Zuhörerinnen und Zuhörer

Ein Vortrag über *Persönlichkeitsentwicklung*, über *Mobilität und Umweltschutz* oder *Stiftungsrecht* kann eine Lust oder Last sein – aber kein Ziel. Ein Vortrags*thema* ist noch kein Vortrags*ziel*. Ohne Ziel können Sie nicht sinnvoll entscheiden, welche Schwerpunkte in einem Referat gesetzt, wie die Inhalte präsentiert und welche Medien eingesetzt werden sollen.

Vom Ziel zum Ziel

Sie wollen *einen guten Eindruck hinterlassen*. Das ist ein Ziel. Dieses Ziel verfolgen viele Rednerinnen und Redner – und erreichen es nicht, weil sie aus diesem Ziel keine Konsequenzen ziehen.

Wer einen guten Eindruck hinterlassen will, darf – unter anderem – die Zuhörerinnen und Zuhörer nicht langweilen und nicht überfordern oder unterfordern. Damit Sie die Zuhörenden nicht langweilen, nicht unter- oder überfordern, müssen Sie klären, wer Ihnen zuhören wird und daraus Konsequenzen für die Schwerpunktsetzung, das Niveau usw. des Vortrags ziehen.

„Einen guten Eindruck hinterlassen" ist ein sehr allgemeines Ziel. Was wollen Sie noch? Möchten Sie

- im Seminar etwas *Neues bekannt machen*?
- *unterhalten*?
- einen *Überblick* über den Forschungsstand geben?
- *Klarheit* in eine Auseinandersetzung bringen?
- von einem Vorschlag, einem Lösungsweg *überzeugen*?
- die *Sympathie* Ihrer Zuhörerinnen und Zuhörer *gewinnen*?
- Ihre *Pflicht tun*?

Sie werden noch andere Ziele nennen können (zum Beispiel den Erwerb von Leistungspunkten). In der Regel geht es nie nur um ein Ziel. Worum auch immer es *Ihnen* bei Ihrem nächsten Referat geht, Ihre Ziele sind das zentrale Kriterium für die Beurteilung meiner Vorschläge und die Entscheidung, welche Anregungen Sie aufgreifen. Sie entscheiden. Wichtig ist: Sie gehen vom Ziel aus, um zum Ziel zu kommen.[13]

---

[13] Um ein Thema *erarbeiten* zu können, ist ein Ziel ebenso unerlässlich wie eine Fragestellung. „Ohne klares Ziel gerät vieles durcheinander. Deshalb sollten Sie sich klarmachen, *was* Sie wissen wollen

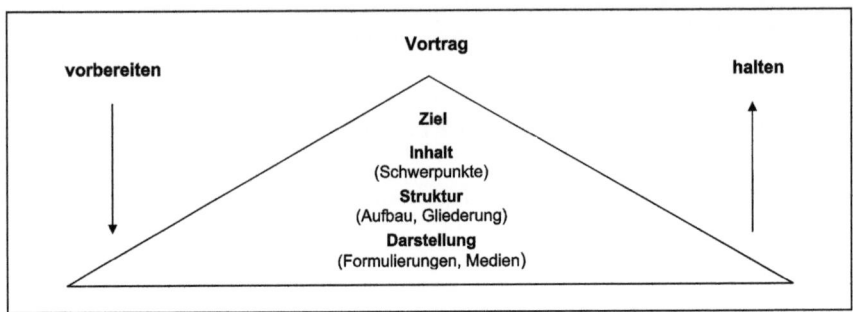

Abbildung 2 Ausgangs- und Bezugspunkt Vortragsziel

Im Mittelpunkt: Zuhörerinnen und Zuhörer

Es gibt Rednerinnen und Redner, die *sich* stundenlang zuhören können. Wenn Sie sich auf Ihre Zuhörerinnen und Zuhörer einstellen, hören diese *Ihnen* gerne (einige Zeit) zu.

Was heißt, sich auf die Zuhörenden einstellen? Ausgangspunkt ist *Ihr* Ziel. Bezugspunkt sind die *anderen,* ohne die Sie Ihr Ziel nicht erreichen und keinen guten Eindruck hinterlassen können. Deshalb schließt sich an die Klärung, welche(s) Ziel(e) Sie mit einem Vortrag verfolgen, die Frage nach den Interessen und Erwartungen der Zuhörerinnen und Zuhörer an. Drei Fragen helfen, einen Vortrag adressatenorientiert vorzubereiten:

1. Wer sind die Zuhörerinnen und Zuhörer?
2. Was erwarten sie?
3. Welche Einstellungen und Haltungen haben sie zu meinem Thema?

Aus den Antworten auf diese Fragen ergeben sich Konsequenzen für die Schwerpunkte, den Aufbau und die Darstellung:

- Wie soll argumentiert,
- welche Darstellungsform soll gewählt,
- was kann als bekannt vorausgesetzt,
- was soll besonders betont und

(Fragestellung) und *wozu* Sie das wissen wollen (Ziel)." Norbert Franck: Fit fürs Studium. Frankfurt/Main 10. Aufl. 2011, S. 75.

- an welchen Kenntnissen, Erfahrungen und Interessen kann mit Beispielen angeknüpft werden?

Je mehr Sie Expertin oder Experte auf einem Gebiet sind, um so stärker sollten Sie darauf achten, den Wissensstand und die Informationsbedürfnisse von Nicht-Experten richtig einzuschätzen. Prüfen Sie, welche Vorkenntnisse Sie voraussetzen können und welche nicht. Sonst besteht die Gefahr, die Zuhörerinnen und Zuhörer entweder mit längst Bekanntem zu langweilen oder mit zu viel Neuem zu überfordern.

Und Sie müssen entscheiden, auf wen es ankommt. Es ist zum Beispiel schön, wenn alle Seminarteilnehmer von Ihrer Präsentation begeistert sind. Es ist weniger schön, wenn der Seminarleiter anderer Meinung ist (zum Beispiel weniger Beispiele und mehr Analyse erwartet hat). Es ist erfreulich, wenn eine Professorin Ihre Präsentation *brillant* findet. Aber es ist unerfreulich, wenn alle Studierenden sich beklagen, Ihr Referat sei unverständlich gewesen. Das sind verzwickte Situationen – für die es eine bewährte Regel gibt: Man kann es nicht allen Recht machen. Wer nach allen Seiten lächelt, bekommt Falten – aber kein Profil.

1.2 Das Grundgerüst: Einleitung, Hauptteil, Schluss

Ein Vortrag braucht eine Struktur: eine Einleitung, einen Hauptteil und einen Schluss. Wozu? Welche Funktionen haben diese Strukturelemente?

Auf den Anfang kommt es an: Einleitung

Kurt Tucholsky empfiehlt in seinen *Ratschlägen für einen schlechten Redner*:

> „Fange nie mit dem Anfang an, sondern immer drei Meilen vor dem Anfang! Etwa so: ‚Meine Damen und meine Herren! Bevor ich zum Thema des heutigen Abends komme, lassen Sie mich Ihnen kurz …' Hier hast Du schon so ziemlich alles, was einen schönen Anfang ausmacht: eine steife Anrede; der Anfang vor dem Anfang; die Ankündigung, daß und was du zu sprechen beabsichtigst, und das Wörtchen kurz. So gewinnst Du im Nu die Herzen und die Ohren der Zuhörer."[14]

---

14 Kurt Tucholsky: Gesammelte Werke. Bd. 8. Hrsg. Von Mary Gerold-Tucholsky und Fritz J. Raddatz. Reinbek 1993, S. 290.

Wie können Sie „Herzen und Ohren" gewinnen? Durch eine Einleitung, die ihre Funktion erfüllt, die motiviert und orientiert. Wie kann das gelingen? In drei plus zwei Schritten. Zunächst zu den drei Grundschritten:

1. Interesse wecken

Am Ende eines klassischen Dramas steht der Höhepunkt und am Ende der meisten Krimis die Auflösung. Bei einem Referat oder Vortrag sollten die ersten Sätze für Aufmerksamkeit sorgen und Interesse wecken. Ich stelle acht „Aufmerksamkeitswecker" vor:

Eine Beschreibung, die zum Problem hinführt
Ein Vorschlag für ein Referat über Globalisierung: „Ich beginne mit der Schilderung einer kleinen Szene, die – so oder ähnlich – mittlerweile alltäglich ist: Ein griechischer Seemann eines in Taiwan gebauten und unter liberianischer Flagge fahrenden Frachters mit überwiegend bulgarischer Besatzung, den ein belgischer Konzern von einem deutschen Reeder geleast hat, legt vor der Küste der USA die russische Raubkopie eines englischen Musikvideos in einen Rekorder ein, der in Korea hergestellt wurde."

Eine provokante Frage oder These
„Niemand ist so arm, dass er nicht etwas abgeben könnte. Und niemand ist so reich, dass er nicht noch ein bisschen mehr Geld gebrauchen könnte" – meinte Jakob Fugger, Gläubiger von Kaiser und Papst, vor einigen hundert Jahren. Hat sich die rot-grüne Bundesregierung mit der „Agenda 2010" an Fugger orientiert?

Eine widersprüchliche Aussage
Wir wissen immer mehr und werden immer dümmer.

Personalisieren
Sie können einen Vortrag über die Rekrutierung politischer Eliten in der Demokratie mit einer Definition beginnen: Demokratie ist „diejenige Ordnung der Institutionen bei welcher einzelne die Entscheidungsbefugnis vermittels eines Konkurrenzkampfes um die Stimmen des Volkes erwerben" (Schumpeter).

Und Sie können mit der Frage beginnen, wie Sigmar Gabriel oder Angela Merkel Spitzenpolitiker wurden. Ich rate zur zweiten Variante.

Ein aktuelles Ereignis, das zum Thema passt
Heute wird die Welt-Gesundheitskonferenz eröffnet. Heute sterben viele Kinder, weil sie nicht mit Medikamenten versorgt werden können. Heute werden in der westlichen Welt Unmengen von Medikamenten in den Müll geworfen.

Das Beispiel oder der Vergleich aus der Geschichte sind nur dann erste Wahl, wenn sie einen *Unterhaltungswert* haben oder sehr treffend sind. Das aktuelle Beispiel, der Bezug auf ein aktuelles Ereignis ist meist interessanter und der Sympathie weckende Nachweis, dass Sie keinen gut abgehangenen Vortrag aus der Schublade geholt haben.

Eine Allegorie, die alle verstehen
Die Igel haben den Wettlauf mit dem Hasen gewonnen. Das Rennen mit dem Menschen werden sie verlieren, wenn wir die Natur weiter mit rasanter Geschwindigkeit dem Straßen- und Wohnungsbau opfern.[15]

Eine einfache Feststellung, in der anklingt: Die Sache ist nicht so einfach
Ob aus der Retorte oder aus der Pflanze: Vor dem Gesetz sind alle Arzneien gleich.

Ein originelles Zitat oder Motto
- „Umwege erhöhen die Ortskenntnis."
- „Pressefreiheit ist die Freiheit von zweihundert reichen Leuten, ihre Meinung zu vertreten." (Paul Sethe)

Zitate sind Gedanken aus zweiter Hand. Prüfen Sie kritisch, ob ein Zitat oder Motto verständlich, griffig und passend ist. Lassen Sie den „verbalen Gebrauchtwagen" stehen, wenn diese drei Kriterien nicht erfüllt sind.

Für Fortgeschrittene: Zitate gekonnt verwenden

Wenn Sie referieren, müssen Sie in der Regel zitieren. Das ist Pflicht und spätestens seit der Plagiatsaffäre des Barons Karl-Theodor zu Guttenberg hinreichend bekannt. Im Folgenden ein paar Anmerkungen zur Kür.

---

15 Dieses und das folgende Beispiel sind entnommen aus Renate Bader, Winfried Göpfert: Eine Geschichte „bauen". In: W. Göpfert, S. Ruß-Mohl (Hrsg.): Wissenschafts-Journalismus. 3. Aufl. München, Leipzig 1996, S. 99 u. 101.

Mit einem *treffenden* Zitat können Sie Ihre Gedanken unterstützen: präzisieren, anschaulicher oder eindringlicher machen – und damit Ihrem Vortrag Glanz verleihen. Mit Zitaten können Sie zudem einen Kontrapunkt setzen, um die eigene Position zu verdeutlichen. Ein Beispiel finden Sie zu Beginn dieses Kapitels.

Zitate sind ein *Mittel;* sie sind kein Ziel und kein Ersatz für eigene Gedanken. Deshalb kommt es bei der Ausarbeitung eines Referats darauf an, zunächst die *eigenen* Gedanken zu skizzieren. Erst dann sollten Zitate ausgewählt werden, die diese Gedanken stützen und das Referat zum Klingen bringen. Man landet in einer Sackgasse, wenn man den umgekehrten Weg beschreitet und erst nach Zitaten sucht, um die herum ein Referat konzipiert werden soll: Man wird im Glanz guter Zitate blass aussehen. Und die Reihung von Zitaten wird als das durchschaut, was sie ist: Imponiergehabe.

Damit Zitate wirklich belebend wirken, ist auf Folgendes zu achten:

- *Treffende Zitate verwenden.* Ein Zitat erfüllt seine Funktion nicht, wenn es dem Publikum Rätsel aufgibt. Zitate müssen eindeutig sein, damit sie die Botschaft einer Rede unterstützen.
- *Zitate sparsam einsetzen.* Die Wirkung treffender Zitate verpufft, wenn sie nicht richtig dosiert werden. Zu viel der guten Zitate ist schlecht. Als Faustregel formuliert: Bringen Sie in fünf Minuten nicht mehr als ein Zitat und insgesamt nicht mehr als vier Zitate in einem Vortrag.
- *Zitate einführen.* Damit die Wirkung eines Zitats nicht verpufft, sollte nicht unvermittelt zitiert werden. Wenn Sie ohne Einführung Habermas, Schleiermacher oder Goethe zitieren, wirkt das unmotiviert und gekünstelt. Wie führt man Zitate ein? Zunächst wird der Kerngedanke formuliert, der im folgenden Zitat anschaulich bzw. pointiert auf den Punkt gebracht wird. Ein Beispiel: „Ich habe gezeigt, dass ... Mit Goethes *Faust* lässt sich diese Diskrepanz in der Wirkungsforschung so bilanzieren: „Grau, teurer Freund, ist alle Theorie."
- *Zitate nachbereiten.* Noch hängt das Goethe-Zitat in der Luft. Es muss fortgeführt werden, soll es nicht lediglich ein Ausdruck literarischer Bildung sein. Zum Beispiel mit einem Hinweis, wie diese Diskrepanz in der Forschung zu überwinden sei.

Zur Nachbereitung gehört der Hinweis auf die Quelle. Geben Sie Ihrem Publikum keine Rätsel auf. Zitieren Sie beispielsweise André Malraux, dann sollten Sie ergänzen, dass er französischer Schriftsteller war. Das genügt.

Hinweise auf das Geburtsdatum oder seine Romane sind nicht notwendig. Sprechen Sie auf einem Romanisten-Kongress, ist dieser Zusatz überflüssig. Und wer Goethe war, dürfen Sie als bekannt voraussetzen.

Wenn das Leben oder Werk der zitierten Wissenschaftlerin oder des zitierten Schriftstellers in einem Zusammenhang mit dem Vortragsthema steht, dann ist es sinnvoll ein wenig weiter auszuholen. In einem Vortrag über Hochschulbildung oder in einer Rede anlässlich einer Promotionsfeier kann zum Beispiel folgender Hinweis sinnvoll sein: „Der britische Schriftsteller David Lodge, *der mehr als zwanzig Jahre an der Universität Birmingham gelehrt hat,* schreibt in einem seiner Romane: ..."

Schließlich: „Errare humanum est." – Sie können kein Latein? Das Zitat ist für Sie ein Rätsel? Sie mögen es nicht, wenn Redner Sie vor Rätsel stellen? Dann geht es Ihnen wie vielen Menschen. Es gibt keinen vernünftigen Grund, ein Zitat im Original zu bringen, wenn man nicht sicher ist, dass die Zuhörerinnen und Zuhörer lateinisch, spanisch oder englisch sprechen. – Deshalb: „Irren ist menschlich."

Wie können Sie sicher sein, den richtigen Aufmerksamkeitswecker gewählt haben? Prüfen Sie, ob Ihr Aufmerksamkeitswecker Brücken baut zum Vorwissen, den Erfahrungen und Interessen der Zuhörerinnen und Zuhörer. Sie können einen Vortrag über die effektive Organisation von Unternehmen mit dem Satz eröffnen, dass im Zeitalter der Globalisierung die „Restrukturierung der Unternehmensorganisation ein Gebot der Stunde" sei. Brücken bauen Sie, wenn Sie zum Beispiel mit dem Hinweis beginnen, dass Hierarchien krank machen oder hohe Kosten verursachen. Gesundheit und Geld interessieren fast alle.

2. Den Nutzen hervorheben

Stellen Sie bitte vor, Sie wollen für Ihr Referat werben, Plakate aufhängen, eine Pressemitteilung herausgeben usw. Was würden Sie in Ihrer Werbung betonen?
   Sie müssten überlegen:

- Warum sollte jemand kommen?
- Was ist an meinem Thema interessant?
- Was biete ich Neues?
- Worin besteht der Vorzug meines Vortrags gegenüber einem gedruckten Text?

Sind diese Fragen geklärt, können Sie in Ihrer Werbung den Nutzen Ihres Vortrags hervorheben – zum Beispiel: neue Informationen, ein kompetenter Überblick, eine originelle Problemlösung. Das sollten Sie auch in der Einleitung tun. Viele Ihrer Zuhörerinnen und Zuhörer haben meist nur einen Grund Ihnen zuzuhören: Von Ihren Ausführungen erwarten sie einen Nutzen. Betonen Sie diesen Nutzen am Anfang. Machen Sie deutlich, was Sie zu welchem Zweck in den Mittelpunkt stellen.

Hat Ihr Publikum den Eindruck, dass es lohnt, Ihnen zuzuhören, haben Sie seine Aufmerksamkeit und Vorschusslorbeeren. Zudem beugen Sie falschen Erwartungen vor, wenn Sie den Nutzen präzise herausstellen.

3. Einen Überblick geben

Eine Orientierung über den Aufbau Ihres Vortrags macht es den Zuhörenden leichter, Ihnen zu folgen. Sagen Sie, dass sich Ihr Referat – zum Beispiel – in drei Teile gliedert: „Ich beleuchte *zunächst* die Absatzchancen, die das Internet für den Mittelstand eröffnet. *Dann* analysiere ich ... *Abschließend* zeige ich, wie ..."

Der nächste Satz kann den Hauptteil eröffnen. Sagen Sie ausdrücklich, was Sie als Nächstes tun: „Ich beginne mit dem ersten Teil, mit den Absatzchancen, die das Internet für mittelständische Unternehmen eröffnet."

4. Zusammenhänge herstellen

Ist Ihr Referat Teil eines Seminars oder einer Vortragsreihe, sollten Sie den Zuhörerinnen und Zuhörern Hinweise geben,

- wie sich das Referat in den Zusammenhang einordnet,
- ob und wie der Vortrag einen Sachverhalt vertieft oder im Widerspruch zu dem steht, was bisher vorgetragen wurde,
- worauf Sie nicht eingehen, weil dieser oder jener Aspekt in einem der folgenden bzw. vorangegangenen Sitzungen behandelt wird bzw. wurde.

Es gibt zwei Möglichkeiten, auf Zusammenhänge hinzuweisen: entweder nachdem Sie Interesse für Ihr Thema geweckt haben oder im Anschluss an die Erläuterung der Ziele Ihres Vortrags (vgl. Abbildung 3). Für jede Variante ein Beispiel:

- Wir wissen immer mehr und werden immer dümmer *(Interesse wecken)*. Diese Feststellung widerspricht den optimistischen Aussagen über den Zuwachs an

Wissen, die wir am Vormittag gehören haben *(Zusammenhänge herstellen)*. Ich will zeigen, dass mehr wissen und dümmer werden kein Gegensatz ist. Im Mittelpunkt steht der Nachweis, dass ... *(Nutzen hervorheben)*.
- Wir wissen immer mehr und werden immer dümmer *(Interesse wecken)*. Ich will zeigen, dass mehr wissen und dümmer werden kein Gegensatz ist. Im Mittelpunkt steht der Nachweis, dass ... *(Nutzen hervorheben)*. Ich widerspreche damit den optimistischen Aussagen über den Zuwachs an Wissen, die meine Vorrednerin vorgetragen hat *(Zusammenhänge herstellen)*.

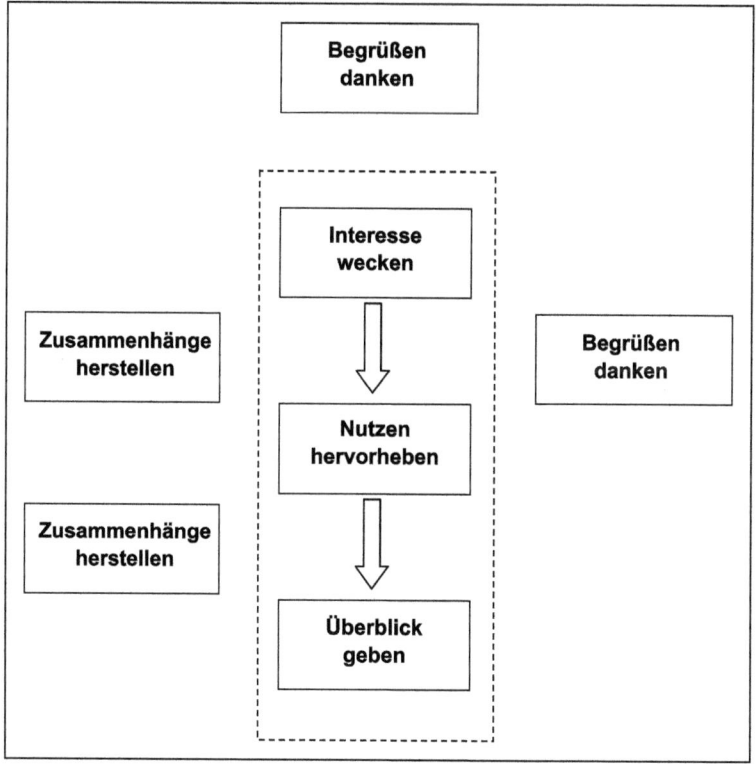

Abbildung 3   Elemente einer Einleitung

5. Begrüßen und danken

„Meine sehr verehrten Damen und Herren, liebe Studierende." So spricht der Unipräsident, der in die Jahre gekommen ist. Wenn *Sie* vor Damen und Herren einen

Vortrag halten, müssen Sie diese Damen und Herren nicht *verehren*. Sie sollten ihnen allerdings freundlich einen *guten Tag* (oder Morgen) wünschen und daran denken, dass Studentinnen und Studenten auch Damen und Herren sind. Schließen Sie deshalb Studierende nicht aus dem Kreis der Damen und Herren aus.

Der Anfang soll für Aufmerksamkeit sorgen. „Meine (sehr verehrten) Damen und Herren" macht nicht neugierig. Das haben wir schon oft gehört. Und „Ich darf Sie (ganz) herzlich begrüßen" auch. Solche Sätze gehen zum einen Ohr rein und zum anderen wieder raus. „Vielen Dank für Ihre Einladung" ebenso.

Selbstverständlich haben Sie sich *gefreut* über die Möglichkeit, auf diesem Kongress, auf jener Tagung die Ergebnisse Ihrer Abschlussarbeit vorzustellen. Und nichts spricht dagegen, den Zuhörerinnen und Zuhörern ein wenig zu schmeicheln. So hören es Wissenschaftlerinnen und Wissenschaftler aus Stuttgart oder Studentinnen und Studenten aus Bamberg gerne, dass Sie sich freuen, in ihrer *schönen Stadt* zu sein. Und in Norddeutschland freut sich das Publikum darüber, dass Sie vor dem Vortrag schon eine Briese *frische Meeresluft* getankt haben.

Doch die Begrüßung muss nicht notwendig am Anfang stehen. Ein Vortrag soll informativ, anregend, interessant sein. Das ist ungeschriebenes Vortrags„gesetz". *Wie* Sie beginnen, ist nicht vorgeschrieben. Die Reihenfolge ist eine Funktion Ihres Ziels. Wenn Sie

- das Wohlwollen des Publikums gewinnen wollen, das für Abwechslung dankbar ist,
- Aufmerksamkeit auf Ihr Thema lenken wollen,
- mit kleinen Abweichungen von der „Meine-Damen-und-Herren"- oder „Ich-darf-Sie-ganz-herzlich-begrüßen"-Routine auf sich aufmerksam machen wollen

– dann sollten Sie versuchen, mit Ihrer Einleitung einen Akzent zu setzen. Arrangieren Sie die vorgestellten Einleitungsschritte originell. Zum Beispiel so:

Mannesmann und *Vodafone* lieferten sich von 1999 bis 2000 eine erbitterte Übernahmeschlacht. Mit größerem Abstand vom Schlachtgetümmel lässt sich der Hauptverlierer ausmachen.	1. Aufmerksamkeitswecker
Guten Tag, meine Damen und Herren.	2. Begrüßen

Bevor ich Ihnen diesen Verlierer präsentiere, möchte ich mich für die freundliche Vorstellung bedanken. Ich gestehe, ich höre gerne Lob.

3. Danken

Nun zum Verlierer: Es ist das Niveau der Werbung. Der Versuch, die Aktionäre von *Mannesmann* zu bewegen, etwas *nicht* zu verkaufen, überforderte die Werbeprofis. Ich will drei Konsequenzen aufzeigen, die sich aus dieser Werbeschlacht ziehen lassen und Aufschluss darüber geben ...

4. Nutzen hervorheben

Ich zeige zunächst ...

5. Überblick

Ein weiteres Beispiel – verbunden mit dem Hinweis, dass Schmeicheln und Danken kein Muss sind:

> Was ist das eigentlich: *Öffentlichkeitsarbeit*? Um Antworten auf diese Frage geht es in meinem Referat.
> Guten Morgen.
> Eine klassische Definition aus dem Jahre 1984, die seitdem in vielen Varianten wiederholt wird, bestimmt Öffentlichkeitsarbeit als Teil des Managements von Kommunikationsprozessen zwischen Organisationen und ihren Öffentlichkeiten. Diese Definition ist nicht sehr aufschlussreich. Sie enthält keine Bestimmungen über die Funktion und das Ziel dieses Kommunikationsmanagements – und damit auch keinen Hinweis auf die Eigenart der Kommunikation. Solche Definitionen entstehen aus dem Interesse der PR-Macher, möglichst weit oben in der Unternehmenshierarchie, im Management angesiedelt zu sein.
> Ich will nicht mit weiteren Definitionen aufwarten, sondern anhand von drei Beispielen zeigen ...

Für Fortgeschrittene: Die Vorstellung

Wie stellt man sich auf Tagungen und Kongressen vor? Schlicht: Von welcher Hochschule kommt man? Womit beschäftigt man sich? In welchem Zusammenhang geschieht das (wer leitet das Projekt, betreut die Arbeit)?

Stapeln Sie weder hoch noch tief. Understatement ist nur dann angebracht, wenn Sie (halbwegs) berühmt sind. Und denken Sie daran: Der Clown ist im Zirkus beliebt, aber nicht auf Kongressen. Die Selbstdarstellerin ist bei Beckmann oder Kerner gut aufgehoben, aber nicht auf Tagungen.

Wenn Sie sicher gehen wollen, richtig vorgestellt zu werden, wenn es Ihnen unangenehm wäre, eine unvollständige oder fehlerhafte Vorstellung Ihrer Person zu korrigieren – dann können Sie so Abhilfe schaffen: Schicken Sie der oder dem Verantwortlichen für die Organisation der Tagung oder Konferenz eine Wunsch-Vorstellung. Schreiben Sie, was Sie bisher gemacht haben, und was Sie sonst noch mitteilenswert finden. Mit diesem Text wollen Sie niemanden etwas vorschreiben, sondern nur der oder dem Betreffenden die Arbeit erleichtern.

Im Zentrum: Hauptteil

Stimmt die Einleitung, erhalten Sie von den Zuhörerinnen und Zuhörern einen Vorschuss. Machen Sie etwas daraus. Sollte ich vor Medizinerinnen und Medizinern einen Vortrag halten, warum und wie viele Rednerinnen und Redner mit dem Hauptteil ihren Vorschuss verspielen, würde ich den Hauptteil meines Vortrags in fünf Punkte gliedern:

1. Anamnese: Patient sagt viel und bringt nichts erkennbar auf den Punkt. Leistungen des Patienten und Nutzen für die Zuhörerinnen und Zuhörer bleiben unklar.
2. Ätiologie: Patient weiß nicht, dass
   - seine Zuhörerinnen und Zuhörer ein Lexikon besitzen;
   - ein roter Faden erkennbar sein muss.
3. Diagnose: WIAW-Syndrom
4. Therapie: Mehrmals täglich zwei Sätze von Tucholsky lesen:
   - „Der Redner sei kein Lexikon. Das haben die Leute zu Hause."
   - „Was gestrichen ist, kann nicht durchfallen."[16]
5. Prognose: Bei strikter Befolgung der Therapie gute Chancen auf einen strukturierten Vortrag.

WIAW-Syndrom ist kein medizinischer Fachausdruck, sondern die Abkürzung für eine häufig zu beobachtende Vortragsschwäche: *Was-ich-alles-weiß*, bringe

---

16 Kurt Tucholsky: Ratschläge für einen guten Redner. In: Gesammelte Werke. Bd. 8. Hrsg. Von Mary Gerold-Tucholsky und Fritz J. Raddatz. Reinbek 1993, S. 292.

ich auch in meinem Vortrag unter. Viele verwechseln einen Vortrag mit einem Wissensnachweis. Diese Verwechslung kann unterschiedliche Formen annehmen: Manche müssen unbedingt Rand- und Klammerbemerkungen machen:

- „Ich möchte an dieser Stelle in Klammern hinzufügen, dass …"
- „In diesem Zusammenhang folgende Randbemerkung: …"

Andere meinen, alles und jenes müsse auf seinen historischen Ursprung zurückgeführt werden. Tucholsky:

> „Fang immer bei den alten Römern an und gib stets, wovon du auch sprichst, die geschichtlichen Hintergründe der Sache. Das ist nicht nur deutsch – das tun alle Brillenmenschen. Ich habe einmal in der Sorbonne einen chinesischen Studenten sprechen hören, der sprach glatt und gut französisch, aber er begann zu allgemeiner Freude so: ‚Lassen Sie mich Ihnen in aller Kürze die Entwicklungsgeschichte meiner chinesischen Heimat seit dem Jahre 2000 vor Christi Geburt …' Er blickte ganz erstaunt auf, weil die Leute so lachten. So mußt du das auch machen. Du hast ganz recht: man versteht ja sonst nicht, wer kann denn das alles verstehen ohne die geschichtlichen Hintergründe … sehr richtig!" [17]

Viele können sich nicht von dem lösen, was für die *Erarbeitung* ihres Themas wichtig war, aber für die *Darstellung* des Themas, für die Argumentation unwichtig ist. Ihr Motto: Wenn ich mich schon mit dieser Materie beschäftigt habe, dann kommt das auch in meinem Referat vor. Die Folge: Der Hauptteil ist kein „Beef in the Burger", kein saftiges „Mittelstück" zwischen Anfang und Schluss, sondern unverdauliche Kost, die bei den Zuhörerinnen und Zuhörer auf wenig Begeisterung stößt.

Deshalb: Ob Sie informieren, analysieren, vergleichen, bewerten oder Lösungen präsentieren: Es kommt darauf an, das Wesentliche in den Mittelpunkt zu stellen. Deshalb ist jede Information daraufhin zu überprüfen, ob sie

- notwendig ist, weil sie zum Verständnis der Sache beiträgt,
- Ihre Argumentation stützt (oder die Argumentationslinien verdeckt),
- den Ertrag Ihrer Ausführungen und den Nutzen für die Zuhörerinnen und Zuhörer deutlich macht,
- last but not least: Ihre Leistungen erkennbar werden lässt.

---

[17] Kurt Tucholsky: Gesammelte Werke. Bd. 8. Hrsg. Von Mary Gerold-Tucholsky und Fritz J. Raddatz. Reinbek 1993, S. 291.

Auch wenn es schwer fällt, sich von Formulierungen zu trennen, um die Sie hart gerungen haben: Vorträge gewinnen, wenn Sie gekürzt werden. Weniger ist oft mehr. Oder in den Worten von Voltaire: „Alles sagen zu wollen, ist das Geheimnis der Langeweile."

Streichungen schaffen Platz für Wegweiser und andere Publikumslieblinge (die auf der S. 114 vorgestellt werden). Wegweiser zeigen den Zuhörerinnen und Zuhörern, wo Sie gerade sind, wie es weitergeht und wohin es geht.

Solche Wegweiser sollten Sie regelmäßig aufstellen, um eine klare Orientierung zu geben. Nicht genügend Informationen enthält folgender Wegweiser: „Ich komme zum zweiten Punkt" (zur dritten Frage, zum vierten Teil). Wenn Sie wandern, reicht es Ihnen nicht, wenn auf einem Wegweiser steht: „Hier geht es weiter". Sie erwarten den Hinweis, „Hier geht es nach ABC". Zuhörerinnen und Zuhörer erwarten bei Vorträgen Hinweise wie diese:

- Was kennzeichnet diesen Vorschlag? Zum einen ein verkürztes Verständnis von Personalentwicklung und zum anderen ein Mangel an perspektivischem Denken. Was meine ich mit verkürztem Verständnis von Personalentwicklung?
- Ich komme zur dritten Frage, zum Zusammenhang von Arbeitsmotivation und Personalfluktuation. Ich untersuche zwei Aspekte: 1. Wie ... 2. Warum ... Zunächst zur Frage nach dem Wie.
- Der These der Unternehmensverbände, Bildung sei für Hochschulen im Zeitalter der Globalisierung kein sinnvoller Auftrag mehr, wird vor allem von XYZ widersprochen. Auf seine Argumente gehe ich nun näher ein.
- Ich habe gezeigt, dass die neuen Technologien große Chancen für eine Bildungsreform eröffnen. Ich will nun verdeutlichen, dass ...

Happyend: Schluss

Was zuletzt gesagt wird, wirkt in der Regel am längsten nach. Geben Sie sich deshalb besondere Mühe mit dem Schluss.

Am Ende Ihres Referats sollte zunächst eine kurze Zusammenfassung der Hauptgedanken stehen:

- Ich fasse zusammen. Mir ging es erstens um ..., zweitens um ... und drittens um ...
- Zusammengefasst: Ich habe gezeigt, dass erstens ..., dass zweitens ... und dass schließlich ...

Wie im Anschluss an diese Zusammenfassung wirksam schließen? Formulieren Sie eine „Taking-home-message": einen oder zwei Sätze, die Ihr Referat auf den Punkt bringen. Das kann eine Schlussfolgerung, ein Ausblick, ein einprägsames Bild, ein Leitgedanke bzw. Motto sein. Ein Beispiel, das an das Einleitungsbeispiel auf der Seite 33 anknüpft:

- Angesichts der anhaltenden Medienkonzentration ist Paul Sethes Feststellung, Pressefreiheit sei die Freiheit von *zweihundert* reichen Leuten, heute eine Erinnerung an gute alte Zeiten.

Die folgenden Sätze entstanden in meinen Seminaren nach einer Übungssequenz über den Schluss eines Vortrags:

- „Der Autor appelliert also an das Herz aller Gutmütigen und an den Verstand aller Einfältigen. Die große Schnittmenge beider Gruppen erklärt seine Verkaufserfolge."
- „Jean Paul meinte vor 200 Jahren, Humor sei ‚überwundenes Leiden an der Welt'. Wenn diese Feststellung zutrifft, dann müssen Gaby, Anke, Ingo und die anderen Mitglieder der deutschen Comedy-Familie eine glückliche Kindheit und Jugend gehabt haben."

Ist nach Ihrem Vortrag eine Diskussion vorgesehen, können Sie im Schluss dezent versuchen, Fragen für die Diskussion vorzugeben – zum Beispiel indem Sie mit einem Hinweis auf offene Fragen schließen.
Und der Dank für die Aufmerksamkeit? Der ist

- nicht notwendig – schließlich haben Sie etwas geboten,
- einfallslos. „Ich danke Ihnen für Ihre Aufmerksamkeit" signalisiert: Zu einem runden Schluss hat es nicht gereicht (bitte applaudieren Sie trotzdem).

Wenn Sie befürchten, die Zuhörerinnen und Zuhörer würden ohne das obligatorische „Vielen Dank für Ihre Aufmerksamkeit" nicht merken, dass Ihr Referat zu Ende ist, können Sie mit der Formulierung „und damit komme ich zum letzten Satz" (oder „mit dieser Feststellung schließe ich") das Vortragsende ankündigen.
Halten Sie den Schluss Ihres Vortrags schriftlich fest. Nur Profis gelingen spontan gute Schluss-Formulierungen.

Ich schließe diesen Abschnitt mit einer „Bedeutungsskala", die nochmals unterstreichen soll, wie wichtig die Einleitung und der Schluss eines Vortrags für den Gesamteindruck sind, den Sie hinterlassen.

Vortrag	Anteil am Vortrag	Anteil an der Gesamtbewertung
Einleitung	1/10 (max. 2/10)	1/3
Hauptteil	8/10 (7/10)	1/3
Schluss	1/10	1/3

Abbildung 4 Umfang und Bedeutung von Einleitung, Hauptteil und Schluss

1.3 Eine gute Stütze: Das Manuskript

Der freie Vortrag ist das Ideal. Aber kein Muss – und für den Studenten, der keine Vortragserfahrungen hat, ebenso wenig ein realistisches Ziel, wie für die Wissenschaftlerin, die heute in Hamburg, morgen in Hof und übermorgen in Halle über verschiedene Themen spricht.

Ein Manuskript ist keine Schande – man darf nur nicht daran „kleben". Ein Manuskript ist ein nützliches Hilfsmittel – wenn Sie es richtig einsetzen. Das Manuskript ist Thema dieses Abschnitts. Ich stelle drei Formen vor.

Gewöhnlich wird zwischen einem wörtlich ausgearbeiteten Manuskript und einem Stichwortkonzept unterschieden. Das ist eine sehr grobe Unterscheidung; es gibt zahlreiche Zwischenformen. Und es gibt nicht *das* richtige oder falsche Manuskript. Gestalten Sie Manuskripte nach Ihren Bedürfnissen und Voraussetzungen.

Das ausgearbeitete Manuskript

Vielen gibt ein ausformuliertes Manuskript Sicherheit. Das ist ein wichtiges Argument für diese Form – wenn man den Hinweis von Ludwig Reiners beherzigt: Es ist ein widriges Gebrechen, wenn Menschen wie die Bücher sprechen. Schriftsprache hört sich vorgetragen steif an. Und der lange Satz, der auf dem Papier zweimal gelesen werden kann, bleibt bei einer Rede oft unverständlich. Reden Sie deshalb keine „Schreibe" (mehr dazu im 4. Kapitel).

Sparen Sie bei der Manuskript-Gestaltung nicht an der falschen Stelle:

- Schreiben Sie groß, damit Sie Ihren Text ohne Mühe lesen können und nach Blickkontakt mit dem Publikum ohne Schwierigkeiten wieder den Anschluss finden. Wählen Sie am PC die Schriftgröße 14 und einen Zeilenabstand von 1,5.
- Lassen Sie einen breiten Rand, damit Sie jede Zeile mit einem Blick übersehen können.
- Heben Sie einzelne Gedanken deutlich voneinander ab.
- Dosieren Sie Hervorhebungen richtig: Der *Strukturierungs-Effekt* geht <u>verloren</u>, wenn **zu viele** HERVORHEBUNGEN eingesetzt *werden*.

Sie können Handlungsanweisungen in Ihr Manuskript aufnehmen (z. B.: à Folie auflegen, ⇨ Unterlagen verteilen) und mit Farben oder anderen Signalen Hinweise zum Sprechen einbauen (z. B.: _ = betonen, // = Pause).[18]

Aus unterschiedlichen Gründen – zum Beispiel weil viele Fragen gestellt werden – kann die Zeit knapp werden. Für diesen Fall ist es nützlich, die Passagen markiert haben, die Sie eventuell weglassen können: Von einem hektischen „Durchziehen" des gesamten Referats haben weder Sie noch Ihr Zuhörerinnen und Zuhörer etwas.

Die Nachteile eines wörtlich ausgearbeiteten Manuskripts kennen Sie:

- der Vortrag wirkt meist nicht lebendig;
- der Blickkontakt mit den Zuhörenden wird erschwert;
- es erfordert Routine, sich vom Manuskript zu lösen und dann wieder die richtige Zeile zu finden;
- die Versuchung ist groß, durchgängig abzulesen;
- abgelesene Vorträge werden oft zu schnell gesprochen und so die Zuhörerinnen und Zuhörer überfordert.

Das Stichwort-Manuskript

Diese Nachteile können mit einem Stichwort-Manuskript vermieden werden. Profis arbeiten ihr Konzept gleich in Stichworten aus. Das setzt große Sachkenntnis

---

18 Weil es fast keinen Fehler gibt, den ich noch nicht erlebt habe, ein Hinweis auf zwei Selbstverständlichkeiten: Beschriften Sie Ihre Manuskript-Blätter nur einseitig, und wählen Sie, wenn Sie das Manuskript in der Hand halten, festes (mindestens 90 Gramm-)Papier.

und Erfahrung voraus. Es geht auch anders: Zunächst wird das Referat wörtlich ausgearbeitet, um dann Stichworte für die Rede herauszuziehen.

Das Stichwortkonzept schließt nicht aus, bestimmte Passagen auszuformulieren. Sie können, zum Beispiel, die Einleitung Wort für Wort aufschreiben, um Anfangsunsicherheiten zu überwinden. Zitate sollten Sie auf jeden Fall vollständig (mit Quellenangabe) notieren. Es sind also auch *Mischformen* zwischen ausgearbeitetem Manuskript und Stichwortkonzept möglich.

Wenn Sie nach Stichworten reden wollen, aber noch unsicher sind, ob das auch klappt, kommen Sie mit einem „Doppel-Manuskript" weiter: Sie arbeiten Ihr Referat Wort für Wort aus und lassen dabei auf der rechten Seite des Blattes einen breiten Rand, auf dem Sie Stichworte notieren. Sie halten Ihren Vortrag auf der Grundlage von Stichworten; zur Sicherheit haben Sie auch den ausformulierten Text vor sich, auf den Sie jederzeit zurückgreifen können.

Gedanken-Landkarte

Eine Gedanken-Landkarte, neudeutsch *Mind Map,* als Vorlage hat den großen Vorteil, dass Sie mit nur einem Blatt auskommen und das gesamte Thema stets auf einen Blick vor sich haben. Zudem enthält ein Mind Map bereits sprachliche Hilfestellungen. Ich verdeutliche das am Beispiel eines Mind Maps über die bisherigen Abschnitte dieses Kapitels, das mir auch als Grundlage für Vorträge in meinen Seminaren dient.

Das Bild gibt optisch die Formulierungshilfe: „Ich gehe auf vier Aspekte der Vorbereitung eines Vortrags ein." Ich „sehe": Bei der Struktur liegt der Schwerpunkt meiner Erläuterungen. Meine Augenbewegung „sagt" mir, dass ich „zunächst auf das Ziel eines Vortrags eingehe".

Komme ich während des Vortrages in Zeitnot und muss deshalb einige Gesichtspunkte weglassen, sehe ich auf einen Blick, was ich auslasse und zu welchem Punkt ich springe.

Zahlen, Daten und Zitate können auf gesonderten Blättern notiert werden, und die Abfolge des Vortrags lässt sich durch Zahlen kennzeichnen.

Ein Referat vorbereiten 47

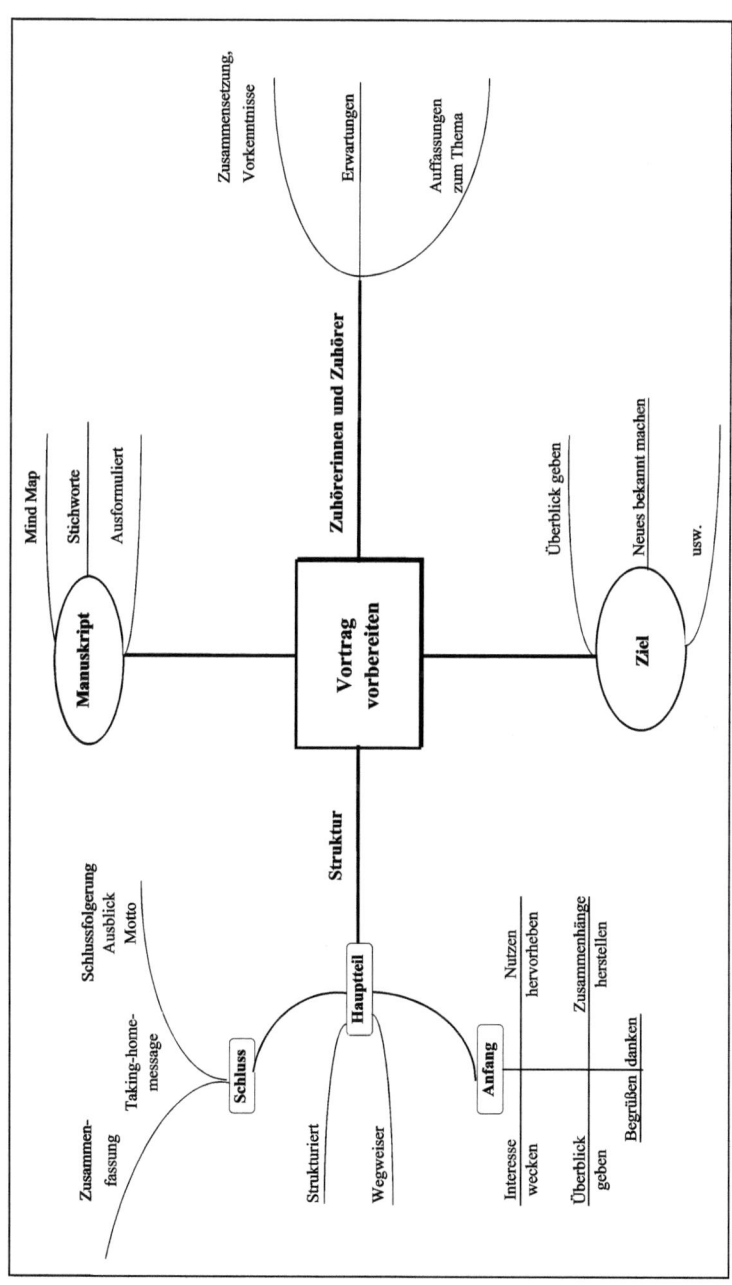

Abbildung 5 Mind Map – Vortrag vorbereiten

Für Fortgeschrittene: Der Lehrvortrag. 12 Tipps

1. *Den Vortrag begründen:* Warum ist es wichtig, etwas über das Thema zu wissen? Heben Sie den Nutzen Ihrer Ausführungen hervor. — Siehe auch S. 35
2. *Das Ziel des Vortrags angeben:* Wissen die Zuhörenden, worauf es ankommt, können sie Ihrem Vortrag leichter folgen.
3. *Einen Überblick geben:* Eine Vorschau hilft den Zuhörerinnen und Zuhörern, Ihre Informationen einzuordnen. Das erleichtert das Verständnis eines Vortrags. — Siehe auch S. 36
4. *An Bekanntes anknüpfen:* Neue Informationen werden leichter aufgenommen und besser verarbeitet, wenn es gelingt, sie in bereits vorhandenes Wissen einzuordnen bzw. auf dieses Wissen zu beziehen.
5. *Einen persönlichen Bezug herstellen:* Lernen ist eine Funktion der persönlichen Bedeutsamkeit. Wenn ein Thema es ermöglicht, einen Bezug zur Lebenswelt der Zuhörerinnen und Zuhörer herzustellen, sollten Sie diese Chance zur Steigerung der Aufmerksamkeit nutzen. — Siehe auch S. 35
6. *Zu Zwischenfragen auffordern:* Mit dieser Aufforderung verhindern Sie, über die Köpfe der Zuhörerinnen und Zuhörer hinwegzureden: „Bitte unterbrechen sie mich, wenn sie Fragen haben oder über einen bestimmten Punkt mehr wissen möchten." (Diese Formulierung klingt viel ermunternder als: „Bitte unterbrechen sie mich, wenn sie etwas nicht verstanden haben.")
7. *Wichtiges betonen:* Nicht alle Punkte sind gleich wichtig. Setzen Sie deshalb sprachliche Bedeutungssignale – sowohl ausdrücklich („Der *entscheidende* Punkt ...") als auch durch Pausen, eine veränderte Stimmlage oder einen Wechsel im Sprechrhythmus. — Siehe auch S. 71
8. *Beispiele anführen:* Je trockener Ihr „Stoff" ist, desto mehr sollten Sie sich um anschauliche Beispiele und Vergleiche bemühen. — Siehe auch S. 115
9. *Wegweiser aufstellen:* Machen Sie deutlich, wenn eine Frage beantwortet, ein Punkt abgeschlossen ist, wenn eine neue Frage, ein weiterer Aspekt behandelt wird. Weisen Sie darauf — Siehe auch S. 42

hin, wie diese Frage mit jener zusammenhängt oder dieser Aspekt aus jenem folgt.

10. *Medien einsetzen:* Prüfen Sie, ob Sie komplexe Informationen visualisieren können, um sie übersichtlich und anschaulich zu machen. — Siehe auch S. 77 ff.

11. *Fragen formulieren:* Rhetorische Fragen erhöhen die Aufmerksamkeit und erleichtern das Verständnis. Formulieren Sie deshalb ab und zu eine Feststellung als Frage. Statt: „Die Grenzen der Beeinflussung des Konsumentenverhaltens liegen ..." – Frage: „Wo liegen die Grenzen der Beeinflussung des Konsumentenverhaltens?" — Siehe auch S. 114

12. *Zusammenfassen:* Heben Sie hervor, was Sie mit welchem Ertrag gezeigt haben, welche Fragen beantwortet wurden. — Siehe auch S. 42

1.4 Der letzte Schliff: Sprechprobe und mehr

Wenn das Referat „steht", wenn das Manuskript vorliegt – geht die Vorbereitung weiter. Solange Sie noch kein Vortragsprofi oder routinierte Rednerin sind, sollten Sie es wie eine Politikerin oder ein Schauspieler halten: proben. Das geht auch ohne Regisseurin oder Beraterstab.

Probesprechen

Rehearsel ist das englische Wort für die Probe im Theater. Streichen Sie die letzten drei Buchstaben und Sie haben eine Probe-Anleitung: *rehear*. Hören Sie sich Ihren Vortrag viermal an. Dann „sitzt" er. Versuchen Sie nicht, Ihren Vortrag auswendig zu lernen, sondern sprechen Sie ihn sich viermal *laut* vor, und prüfen Sie,

- ob Sie die vorgegebene Zeit einhalten. Sie können über alles reden – aber nie länger als 45 Minuten;
- ob Ihnen an bestimmten Stellen Formulierungen verunglücken oder Sätze geschraubt klingen;
- ob die Übergänge stimmen und verständlich sind;
- ob Sie Beispiele und Fragen, den Anfang und das Ende frei sprechen können.

Die Sprechprobe erfüllt drei Funktionen:

1. Sie ist Voraussetzung, um am Referat gezielt feilen zu können, ihm den letzten Schliff zu geben.
2. Sie dient dazu, sich mit dem Manuskript wirklich vertraut zu machen: Pausen zu „sehen", Anschlüsse mühelos zu „finden".
3. In Ihrem Kopf entstehen „Klangbilder": Für viele Formulierungen brauchen Sie nicht in Ihr Manuskript zu schauen, über bestimmte Übergänge müssen Sie nicht mehr nachdenken. Sie entstehen „wie von selbst", und sie klingen nicht – wie auswendig Gelerntes – steif.

Diese Phase der Vorbereitung ist Teil der Arbeit an einem Vortrag. Wenn Sie sich keine *Rehear-Time* nehmen, sind Sie unzureichend vorbereitet. Geschliffene Vorträge sind wohl tuend, weil das Geräusch des Schleifens bereits verklungen ist.

Vorbereiten, was vorzubereiten ist

Ich erlebe häufig, dass ich zwar freundlich gebeten werde, in A oder B einen Vortrag zu halten – mir aber nicht einmal ein Glas Wasser angeboten wird, um mir die 45 Vortragsminuten zu erleichtern. Deshalb reise ich seit einigen Jahren mit Wasser und eigenem Glas zu Vorträgen. Und bevor ich losfahre, erkundige ich mich rechtzeitig,

- mit wie vielen Zuhörerinnen und Zuhörern zu rechnen ist. Da man angenehme Überraschungen nicht ausschließen sollte, gebe ich bei der Zahl der Kopien meines Handouts zehn Prozent zu;
- ob der Raum mit allem ausgestattet ist, was ich für meinen Vortrag brauche;
- nach der Bahnverbindung;
- wo genau ich erwartet werde.

Ich bin rechtzeitig am Vortragsort, um in aller Ruhe meinen Laptop an den Beamer anzuschließen, die Datei(en) aufzurufen, die ich benötige, und zu prüfen, ob das, was ich zeigen will, gut zu sehen ist.
  Zudem kann es notwendig sein,

- die Tafel zu wischen,

- das Mikrofon auszuprobieren. Es ist das Privileg von Amateurbands, das Publikum mit „Test, Test" oder „one, two, one, two" nerven zu dürfen,
- die Funktionstüchtigkeit des OH-Projektors zu überprüfen (und die Glasplatte sauber zu machen),
- sich mit der Beleuchtung vertraut zu machen,
- die „Papiertafel" (Flip-Chart) und/oder das Redepult umzustellen,
- zu lüften.

Sie sollten in jedem Falle in aller Ruhe Ihre Unterlagen zurechtlegen können und nicht vor Publikum

- durch alle Verzeichnisse klicken, die Sie auf dem Laptop haben, mit dem Sie präsentieren,
- die Handout-Kopien sortieren oder die Schärfe des Beamers ausprobieren,
- im Rucksack oder in der Aktentasche nach dem Zeigestab bzw. Laserpointer suchen.

Und Sie sollten während Ihres Referats nicht über eine Verlängerungsschnur stolpern, nur weil Sie keine Zeit hatten, vorab einen Blick auf den Boden zu werfen.

Für Fortgeschrittene: Was ziehe ich an?

Auch in den Sozial- und Geisteswissenschaften, auch kritischen Geistern schadet es nicht, sich ein paar Gedanken zu machen: Was ist bei dieser Konferenz oder jener Tagung die *angemessene* Bekleidung? Was für einen Vortrag vor Führungskräften der Wirtschaft angemessen sein mag, kann auf einer wissenschaftlichen Tagung als *overdressed* angesehen werden. Und die Kleidung, die für einen Vortrag vor Umweltexpertinnen angemessen ist, kann für eine Rede bei einer Preisverleihung als *zu leger* registriert werden.

Sie sollten daher den *Dress-Code* kennen, der für den jeweiligen Anlass gilt; auch dann, wenn sie ihn nicht befolgen wollen: Nur wer die Regeln kennt, kann *gekonnt* gegen sie verstoßen.

Ich kann Ihnen einen zuverlässigen Tipp geben: Was immer Sie anziehen, Sie sollten den Rock oder die Hose schon einmal getragen haben und sicher sein, dass Sie sich in dem Jackett wohlfühlen.

Frauen haben gute Chancen, die falsche Wahl zu treffen. Sind sie chic angezogen, laufen sie Gefahr, als „Modepuppe" abgewertet zu werden. Und ein schlichtes Outfit, kann zum Urteil „graue Maus" führen. Mit diesem Hinweis will ich Frauen nicht entmutigen. Wenn Sie es ohnehin nieMANdem recht machen können, ist das ein guter Grund anzuziehen, was Ihnen gefällt: Wenn Sie Ihren eigenen Weg gehen, kann Sie niemand überholen.

Vermeiden sollten Sie Kleidung, Frisuren und Accessoires, die

- Sie in Ihrer Bewegungsfreiheit einschränken,
- bei Männern die Assoziation „süß", „lieb" oder „sexy" – also das Gegenteil von kompetent – auslösen,
- Sie behindern oder das Publikum ablenken: die Haare, die ständig ins Gesicht fallen, die Ohrringe, die sich auffällig hin und her bewegen.

1.5 Checkliste: Vorbereitung eines Vortrags

☐ Was will ich erreichen?
☐ Welche Konsequenzen sind aus der Zusammensetzung des Publikums zu ziehen?
☐ Welchen Nutzen stelle ich heraus?
☐ Wie wecke ich Interesse für mein Thema?
☐ Wie spreche ich die Zuhörenden an?
☐ Ist der Überblick über den Aufbau meines Vortrags klar?
☐ Habe ich Wegweiser aufgestellt, die das Publikum orientieren?
☐ Welche Publikumslieblinge – Beispiele, Vergleiche usw. – kommen im Vortrag vor?
☐ Ist die Zusammenfassung „rund" und eine *Taking-home-message* formuliert?
☐ Ist das Manuskript funktional?
☐ Habe ich einen *Vortrags*text formuliert – frei von Satzmonstern und Wortungetümen?
☐ Ist sicher gestellt, dass ich die Zeitvorgabe einhalte und an keiner Stelle hängen bleibe?
☐ Ist das Organisatorische geklärt?

Exkurs für Fortgeschrittene: Die Rede.
Begrüßen, danken, ehren, eröffnen

In der Wissenschaft werden nicht nur wissenschaftliche Vorträge und Referate gehalten, sondern auch Reden. Deshalb steht auf den folgenden Seiten der „kleine Vortrag" im Mittelpunkt: die Rede zu unterschiedlichen Anlässen. Zum Beispiel die Eröffnung einer Tagung, die Verabschiedung einer Kollegin, die Feier zum Studienabschluss oder die Begrüßung der Erstsemester.

Eine gute Rednerin langweilt ihre Zuhörerinnen und Zuhörer nicht. Ein guter Redner ist nicht geschwätzig und verliert sich nicht in seinen Worten. Gute Rednerinnen und Redner sind rar. Zum Beispiel in der Politik. „Wenn es Politikern die Sprache verschlägt, dann halten sie eine Rede", kommentierte der frühere Intendant des WDR, Friedrich Nowottny, einmal bissig. Wir kennen sie, die Politikerinnen und Politiker, die mit vielen Worten nichts sagen. In den Führungsetagen der deutschen Wirtschaft ist es nicht anders.[19]

Was gilt es zu vermeiden und was ist notwendig, um nicht zu langweilen, sondern zu erfreuen oder positiv einzustimmen?

Worauf es bei einer Rede ankommt

„Man muss etwas zu sagen haben, wenn man reden will." Meinte Goethe.[20] Viele Reden folgen dem Motto: „Man muss *etwas sagen*, wenn man reden will." Der Redner oder die Rednerin fragen sich, was sage ich aus Anlass der Bachelor-Feier oder zur Eröffnung der neuen Mensa? Antworten suchen sie in Büchern mit Musterreden oder in Reden, die sie in der Vergangenheit gehört haben, in Zitatenlexika usw. So entstehen Reden, auf die die Weisheit zutrifft „Reden ist Silber, Schweigen ist Gold."

Reden ist Silber. Gut reden ist Gold – wenn der Ausgangspunkt einer Rede die Frage ist, was *habe ich* zu sagen, was *will ich* über die Person(en) oder zu dem Anlass sagen, um die bzw. den es geht?

Etwas zu sagen haben bedeutet: *eigene* Worte finden. *Etwas zu sagen haben* meint nicht: etwas reden, von dem man glaubt, es gehöre in eine Eröffnungs- oder

---

19 Mehr über Redeanlässe und Anforderungen an Reden von Führungskräften, mittelständischen Unternehmern und Selbstständigen bei Michael Behrens: Wie Unternehmer Reden schreiben. Frankfurt/Main 2004.
20 Brief an F. v. Müller, 16.8.1828. In: Johann Wolfgang von Goethe Werke. Weimarer Ausgabe, IV. Abt., Bd. 44, S. 276 Weimar 1887–1919.

andere Rede. Reden, die aus „Was-könnte-man-sagen-Bausteinen" zusammengesetzt werden,

- fehlt Überzeugungskraft;
- erwecken den Eindruck, der Redner spreche einen fremden Text, die Rednerin sei in eine Rolle geschlüpft – was nur Schauspielerinnen und Schauspieler gut können;
- langweilen, weil man sie in unterschiedlichen Varianten schon gehört hat.

Eigene Worte sind nicht durch Nachahmung zu finden. Eigene Worte setzen eigene Gedanken voraus. Eigene Gedanken sind die Voraussetzung für eine originelle Rede. Auch ein Zitat passt nur dann – und kann nur dann überzeugend vorgetragen werden –, wenn es nicht angelesen ist, sondern die sprachlich gelungene Verdichtung *eigener* Gedanken oder Erfahrungen ist. Der Rest ist Handwerk, das sich lernen lässt.

Rede-Handwerk

Einen guten Rotwein trinkt man nicht aus einem Pappbecher. Originalität braucht eine angemessene sprachliche Form. Eigene Gedanken sollten in passenden Worten ausgedrückt werden – von A wie Anrede bis Z wie Zitat.

Anrede

Auf der Seite 38 habe ich darauf hingewiesen, dass eine Rede nicht mit der Anrede beginnen muss. Auf den nächsten Seiten geht es um die Frage, wie redet man die Zuhörerinnen und Zuhörer an. Gibt es die richtige, die verbindliche Anrede?

Nein: Es gibt Gepflogenheiten und Traditionen. Und es gib regionale Unterschiede. Zum Beispiel sind die von „Wessis" *geehrten* Damen und Herren für „Ossis" meist *werte* Damen und Herren.

Traditionen und Gepflogenheiten ändern sich. So tun sich heute zahlreiche SPD-Mitglieder mit der Anrede „Genossinnen und Genossen" schwer. In den Gewerkschaften geht dem einen oder der anderen das traditionelle „Du" nur schwer über die Lippen.

Auf der sicheren Seite sind Sie, wenn Sie nach der Funktion der Anrede fragen. Was soll eine Anrede? Sie soll für eine gute Atmosphäre sorgen, die Zuhörerinnen und Zuhörer freundlich stimmen. Das Gegenteil erreichen Sie mit Anrede-Ketten. Ein Beispiel. Der Dekan des Fachbereichs Sozialwissenschaften begrüßt zu einer Abschlussfeier:

„Sehr verehrte Frau Wissenschaftsministerin, sehr geehrter Herr Präsident, meine Damen und Herren, liebe Kolleginnen und Kollegen, liebe Eltern und liebe Studentinnen und Studenten."

Das langweilt. So verstimmen Sie das Publikum nicht:

- Halten Sie die Anrede kurz und knapp – vor allem bei kurzen Reden.
- Heben Sie nur wenige Personen hervor.
- Behandeln Sie alle Zuhörerinnen und Zuhörer in der Anrede gleich.

Und wenn es unumgänglich ist, bestimmte Personen zu erwähnen? Vermeiden Sie eine ermüdende Aufzählung am Anfang. Versuchen Sie, die namentliche Ansprache in die Rede zu integrieren. Ein Beispiel:

Es ist ein gutes Zeichen, wenn die Politik in die Hochschule kommt, um zu hören, was Studentinnen und Studenten, was Lehrende meinen. Herzlich willkommen, Frau Ministerin Hinsch.
In den vergangenen Jahren haben sich die Studierenden ihr Diplom im Sekretariat abgeholt. Ich freue mich, dass wir dieses Jahr ihren Abschluss feiern. Ich freue mich besonders, dass Ihre Eltern mitgekommen sind. Herzlich willkommen, meine Damen und Herren.
Sie haben sicher bemerkt, dass alle Lehrenden mit Ihnen feiern möchten. Nehmen Sie das bitte als Ausdruck dafür, dass wir sie gerne unterrichtet haben.

Zwei Anmerkungen zu diesem Beispiel:

1. Ministerinnen oder Bürgermeister sind nicht nur Funktionsträger. Sie haben auch einen Namen.
2. Die Begrüßung des Präsidenten der Hochschule kann sich der Dekan sparen. Wir leben im 21. Jahrhundert.

> **Für Fortgeschrittene: Wenn die Etikette zählt. Die Anrede**
>
> Sie sollen als Norddeutscher eine Eröffnungsrede in Bayern halten. Sie wollen als Ostdeutsche eine Rede auf einer Veranstaltung in der Mitte Deutschlands halten. Erkundigen Sie sich bei der Veranstalterin bzw. dem Gastgeber, wenn Sie nicht sicher sind, welche Usancen und Traditionen am Vortragsort üblich sind – und beachten Sie:
>
> 1. *Akademische Grade* sind Bestandteil des Namens. Der wichtigste Titel genügt: „Sehr geehrter Herr Professor Weiß" (Professor *Dr.* Weiß ist überflüssig).
> 2. *Adelstitel* sind ebenfalls Teil des Namens. Hat eine Gräfin einen akademischen Grad erworben, ist die förmliche korrekte Anrede: Dr. Gräfin von Wedel (beim niederen Adel: Frau Dr. von Wedel).
> 3. Wer den *höchsten Rang* hat, wird zuerst genannt. Ausnahme 1: Gäste aus dem Ausland haben Vorrang. Ausnahme 2: Bei Hochzeiten, Geburtstagen, Jubiläen usw. sind das Brautpaar, der Jubilar usw. die wichtigsten Personen.
> 4. Bei *Ranggleichheit* bestimmt das Alter die Reihenfolge.
> 5. Bei Reden zu *privaten Anlässen* und bei *Ehrungen* wird nicht von der üblichen Anrede abgewichen: Ein Duzfreund wird auch in einer Rede geduzt. Bei offiziellen Ehrungen geht dem Du eine förmliche Anrede voraus: „Sehr geehrte Frau Bundeskanzlerin, liebe Angela."

Der Bundespräsident, eine Ministerpräsidentin oder andere Menschen in Amt und Würde werden in der Begrüßung hervorgehoben: *Sehr geehrter Herr Bundeskanzler, sehr geehrte Frau Ministerpräsidentin* – zum Beispiel.

Mit weiteren Differenzierungen sollten Sie zurückhaltend sein, um niemanden zu verstimmen. „Sehr geehrte Damen und Herren, liebe Studentinnen und Studenten" ist unangebracht. Studentinnen und Studenten sind auch Damen und Herren. Will ein Professor, aus welchen Gründen auch immer, differenzieren, dann zum Beispiel so: „Liebe Kolleginnen und Kollegen, liebe Studentinnen und Studenten."

Geben Sie auch keine Rätsel auf – etwa nach folgendem Muster:

- „Sehr geehrte Damen und Herren, geehrte Pressevertreter, liebe Gäste und Freunde."

Sind die Pressevertreter nicht *sehr* geehrt? Sind manche Gäste Freunde? Oder sind die Damen und Herren weder Gäste noch Freunde? Kurz: Weniger ist mehr.

- „Sehr geehrte Damen und Herren, liebe Aktionäre."
  Sind die Damen und Herren auch die Aktionäre oder ein anderer Personenkreis?
- „Sehr verehrte Damen und Herren, liebe Mitarbeiter."
  Wer wird *verehrt*? Und warum sind die Mitarbeiter nur *lieb*? Und gibt es zu den *Damen* kein Pendant? Ist das Unternehmen ein Männerbetrieb?
- „Liebe ältere Mitbürger, verehrte Damen und Herren."
  „Omis" sind lieb, aber keine Damen und Herren. Vermeiden Sie auch die Unterscheidung zwischen Bürger und ausländische *Mit*bürger. Mitbürgerinnen sind Bürgerinnen zweiter Klasse.

Einstieg

Manfred Rommel, viele Jahre Oberbürgermeister von Stuttgart, musste sich viele Reden anhören. Seine Leidenserfahrungen hat er in zwei Empfehlungen zusammengefasst:

- Sie können nach der Begrüßung sagen, dass Sie von der Sache nichts verstehen – und dies sogleich beweisen.
- Sie können sich entschuldigen, dass Sie reden – um es dann doch zu tun.[21]

Solche Einstiege sind häufig zu hören. Die Sympathie und Aufmerksamkeit des Publikums gewinnt man mit einem solchen Anfang nicht. Ich stelle Ihnen Alternativen zu langweiligen und steifen Anfangssätzen vor (siehe auch S. 31).

1. Gnädig sein

„Lieber Bernd,
heute hast du ein großes Ziel erreicht und darfst wirklich stolz sein. Es war gewiss ein langer, harter, anstrengender Weg zum Dr. phil., aber er hat sich doch gelohnt."

„Du darfst" ist eine Marke für Butter, Käse und Wurst mit reduziertem Fettgehalt. Wer promoviert hat, wird sich freuen. Vielleicht ist der neue Dr. phil. stolz auf sein „summa cum laude". Aber dafür braucht er keine Erlaubnis.

---

21 Zit. in: Thilo von Trotha: Reden professionell vorbereiten. 3. Auf. Berlin 2002, S. 131.

Worum geht es bei einer solchen Feier und ähnlichen Anlässen? Um Freude und nicht darum, eine Erlaubnis zu erteilen. Reden zu Jubiläen oder Abschlüssen gehen in die falsche Richtung, wenn der Redner oder die Rednerin einen unpersönlichen Einstieg wählen und gewissermaßen als Instanz sprechen, die etwas gestattet: *Du darfst.*

Die Alternative: „Lieber Bernd, ich freue mich mit dir über deinen Doktortitel. Ich bin besonders stolz auf dich, weil du ..."

Ein anderes Beispiel – der Bruder gratuliert seiner jüngeren Schwester:

Liebe Petra,
Du hast es geschafft. Du hast es gut geschafft. Du hast es so gut geschafft, dass du jedes Fach studieren kannst, das du studieren willst. Darüber freue ich mich mit dir.

Und ich danke dir, dass du in allen Fächern alleine klar gekommen bist und mich nie in die Verlegenheit gebracht hast, meine schlechten Mathe-Kenntnisse gestehen zu müssen.

Es gibt keinen *verbindlichen* Einstieg – aber die Pflicht zu überlegen, wen spreche ich mit welchem Ziel an?

2. Ankündigen, worüber man nicht spricht

Liebe Erstsemester,
ich will ihnen keinen langen Vortrag halten über die Bedeutung von Forschung und Lehre für den Standort Deutschland und auch nicht darüber, dass ..."

Was als gute Nachricht gedacht ist, wird vom Publikum als überflüssig aufgenommen: Warum stiehlt der Redner uns die Zeit mit Aufzählungen, worüber er nicht spricht? Eine wirklich gute Nachricht oder freundliche Worte hören dagegen alle gern. Mit einer wirklich guten Nachricht oder freundlichen Worten haben Sie einen guten Anfang.

3. Alles-schon-gesagt-Einstieg

„Liebe Kommilitoninnen und Kommilitonen,
ich erzähle euch sicher nichts Neues, wenn ich euch sage, dass studieren heute ... "

Wenn schon alles gesagt wurde, hilft nur eins: den Mund halten. Kündigen Sie nicht an, dass Sie nicht Neues zu sagen haben. Das verstimmt das Publikum. Wenn Sie etwas Neues zu sagen haben, sagen Sie es. So einfach kann reden sein, wenn man nicht schlechte Reden kopiert.

4. Wider-besseres-Wissen-Einstieg

„Lieber Herr Prof. Windschneider,
ich weiß, sie mögen keine Reden und schon gar keine langen. Doch heute müssen sie eine kleine Ansprache über sich ergehen lassen."

„Es ist einfacher, den Mund zu halten als eine Rede."[22] Verschwenden Sie Ihre Redezeit nicht mit solchen Vorbemerkungen. Sie sind meist als humorvoller Einstieg gemeint. Aber eben nur gemeint. Sagen Sie Herrn Windschneider etwas Nettes, Originelles, aber nicht, dass er eigentlich keine Reden hören will.

5. Drohen

„Liebe Absolventen, liebe Kollegen, meine Damen und Ehren,
gerade an einem solchen bedeutenden Tag wie heute, an dem sie ihre Master-Urkunden erhalten, darf ein der Wissenschaftlichkeit, der Sachlichkeit verpflichteter Wissenschaftler ein wenig sentimental werden und sich zurückerinnern an die Zeit, …"

„Nein!" Rufen alle Anwesenden – wahrscheinlich nicht laut, denn sie sind höflich. Der Redner ist es nicht. Denn es geht nicht um ihn, sondern um die Absolventinnen und Absolventen. Selbstdarsteller sind unbeliebt. Drohen Sie nicht, dass Sie sentimental werden und sich erinnern wollen (beim der Wissenschaftlichkeit verpflichteten Wissenschaftler muss es *zurück*erinnern sein, so als könnte man sich auch nach vorne erinnern).
Weder bei einer Feier noch bei Eröffnung oder Begrüßung sollten sich der Redner oder die Rednerin in den Mittelpunkt einer Rede drängeln. Im Mittelpunkt stehen die Zuhörenden.

---

22 Eine Weisheit von Heinz Erhardt. In seinen Büchern finden Sie viele Anregungen, wenn Sie eine Rede mit einer Brise Humor würzen wollen. Eine kleine Auswahl: Unvergeßlicher Heinz Erhardt. Reinbek 2002. Heinz Erhardt. Gesammelte Werke. 3 Bände. Oldenburg 2001. Das große Heinz Erhardt Buch. München 1984.

6. Vorredner tadeln

„Meine sehr verehrten Damen und Herren,
zwei Beiträge haben Sie schon gehört – Beiträge, die sich mit Technik und Technologien befasst haben, die mit Fremdwörtern gespickt waren und die uns eine tolle Zukunft prophezeiten."

Das kommt nicht gut: im ersten Satz den Vorredner oder die Vorrednerin (versteckt) kritisieren. Sagen Sie es, wenn Sie anderer Meinung sind als die, die vor Ihnen gesprochen haben. Aber beginnen Sie nicht mit Hinweisen wie: „Wir haben eben viel Unausgegorenes gehört." „Anna lag mit ihrer Argumentation haarscharf daneben."

Kritisieren Sie *inhaltlich* und nicht im *ersten* Satz. Ist Ihre Rede eine Replik, dann sollte im ersten Satz entweder sachlich auf die Vorrede Bezug genommen oder die eigene Auffassung skizziert werden:

- Frau Schmidt hat eben dafür plädiert, … Ich mache aus folgenden Gründen einen anderen Vorschlag: …"
- Martina sprach von Manpower, Humankapital, und Bildungsreserven. Ich werde von Menschen sprechen – von Arbeitnehmerinnen und Arbeitnehmern, von Arbeitslosen und von Schülerinnen und Schülern bzw. Studentinnen und Studenten.
- *Bildung* ist für mich ein Menschenrecht. Meine Überlegungen konzentrieren sich auf die Frage, wie dieses Recht angesichts knapper Kassen verwirklicht werden kann. Meine Überlegungen sind zugleich eine Kritik der Auffassungen meiner Vorrednerin, die Bildung in erster Linie als Wirtschaftsfaktor begreift.

7. Geständnisse

„Meine Damen und Herren,
natürlich habe ich mich auf diese kleine Rede vorbereitet, und bei meinem Nachdenken fiel mir besonders das Wort Dankbarkeit ein."

Erzählen Sie keine Geschichten über die Vorbereitung einer Rede. Reden Sie ohne Umwege „zur Sache".

8. Sagen, was alle wissen

„Liebe Kommilitoninnen und Kommilitonen,
wir haben uns heute versammelt, um einmal ausführlich darüber zu sprechen, ob ..."

Solche Einstiege vor dem Einstieg sind überflüssig. Alle wissen, warum sie gekommen sind.

9. Freude-, Ehre-, Anlass-, Auftrag-Pathos

„Sehr geehrter Herr Präsident,
meine sehr verehrten Damen und Herren,
aus Anlass Ihres 50. Geburtstags habe ich den ehrenvollen Auftrag, ihnen im Namen aller Stabsstellenmitarbeiter die herzlichsten Glückwünsche aussprechen. Wir wünschen ihnen ...."

Der Präsident kann Arbeitsaufträge erteilen. Doch wenn ein Mitarbeiter ihm im Namen der Beschäftigten zum Geburtstag gratuliert, dann ist das kein *Auftrag* und keine *Ehre* aus *Anlass*. Deshalb sollte dem Präsidenten ohne Pathos gratuliert werden:

Sehr geehrter Herr ... (am Geburtstag darf es auch *lieber* Herr ... sein), herzlichen Glückwunsch zum Geburtstag. Alle Mitarbeiterinnen und Mitarbeiter wünschen Ihnen ...

Es ist nicht notwendig, die Botenrolle hervorzuheben. Man kommt auch ohne *Auftrag* und *im Namen* aus. Und nur sehr selten ist der Verweis auf den *Anlass* einer Feier oder Veranstaltung notwendig. Wer auf *Anlass, Auftrag* und *im Namen* verzichtet, kann eine Rede interessant beginnen.

10. Kommando: Gemütlichkeit

„Liebe Mitarbeiter,
ich begrüße sie auf das Herzlichste zu unserer kleinen Feier. Schön, dass alle meiner Einladung gefolgt sind. Wir wollen uns ein paar gemütlich Stunden machen, und was Sie in erster Linie dazu beitragen sollen, ist gute Laune."

Das haben alle Gäste einer Feier gerne: Der Chef gibt die Richtung an: Es soll *gemütlich* (und nicht unterhaltsam, lustig oder ausgelassen) werden.
Verzichten Sie bei Festansprachen auf Verhaltensvorschriften. Wünschen Sie schlicht ein *paar schöne Stunden* oder *viel Spaß* – und begrüßen Sie nie *auf das Herzlichste*. Sagen Sie schlicht: *Herzlich willkommen*.

11. Umständlichkeiten

Fangen Sie eine Rede nicht mit angezogenen Bremsen an. Beginnen Sie mit voller Kraft – und die steckt im klaren Hauptsatz: zunächst Satzgegenstand und Satzaussage, dann alles Weitere. Nach den ersten zwei oder drei Sätzen darf Ihr Satzbau – in Maßen – differenzierter werden (vgl. S. 106 ff.). Klassische Bremsen sind „wenn" und „als" oder „im Namen" und „zum "Bestehen". Drei Beispiele:

- Liebe Mitarbeiterinnen und Mitarbeiter,
  wenn ich die letzten Jahre Revue passieren lasse, dann komme ich zu dem Schluss, dass wir ein großes Arbeitspensum bewältigt haben und unsere Arbeit von Erfolg gekrönt war.
- Als ich den Bürgermeister sagen hörte, das Freibad wird geschlossen, da dachte ich mir: Das darf doch nicht wahr sein.
- Meine sehr verehrten Damen und Herren,
  im Namen der XYZ-AG darf ich Sie herzlich willkommen heißen und meiner Freude darüber Ausdruck verleihen, dass Sie so zahlreich erschienen sind.

Wenn Sie diese Bremsen lösen, können Sie schwungvoll beginnen:

- Liebe Mitarbeiterinnen und Mitarbeiter,
  wir haben den letzten Jahren hart gearbeitet. Und wir waren erfolgreich.
- Der Bürgermeister will das Freibad schließen. Ich sage: Nein. Ich sage: Wir brauchen in unserer Stadt ein Freibad.
- Herzlich willkommen, meine Damen und Herren,
  ich freue mich sehr, dass Sie gekommen sind.

12. 1000 mal gehört

Das Gegenteil eines originellen oder interessanten Einstiegs erreichen Sie mit den ausgelaugten Formulierungen *heute, an dieser Stelle, in dieser Stunde* und *lasst uns*:

- Wir sind (haben uns) heute hier zusammen gekommen (gefunden) ...
- Wir feiern (gedenken) heute ...
- Lasst mich in dieser Stunde der Freude (Trauer) ...
- Lassen sie mich in dieser Stunde des Abschieds ...
- Lasst uns in dieser Stunde nicht vergessen, ...

Heben Sie hervor, gedenken oder erinnern Sie, aber verzichten Sie auf Orts- und Zeitgaben (*hier* und *heute*). Sagen Sie dem Publikum nicht, dass die *Stunde der Freude* geschlagen habe. Machen Sie dem Publikum mit Ihrer Rede eine Freude.

13. Bitte reden zu dürfen

Worüber und wo auch immer Sie reden: Sie müssen allenfalls dann um das Recht zu reden bitten, wenn Sie an einer Kabinettssitzung in Berlin oder am Vatikanischen Konzil teilnehmen. Sparen Sie sich deshalb das *Gestatten Sie mir* (einige einleitende Worte). Reden Sie einfach. Aufmerksamkeit erreichen Sie mit einem originellen Einstieg, nicht mit antiquierten Höflichkeitsfloskeln.

14. Toast: Reden statt heben

Ein Toast sollte nicht länger als eine Minute dauern. Das ist wenig Zeit, um etwas Freundliches oder Erheiterndes zu sagen. Fangen Sie deshalb direkt damit an. Zeitverschwendung sind folgende Einstiege:

- „Ich erhebe mein Glas auf ..."
- „Erlauben Sie mir, mit Ihnen auf das Wohl dieses ..."
- „Ich hebe das Glas und möchte damit auf ..."
- „Gestatten Sie mir bitte kurz, dass ich mein Glas erhebe und auf ..."

Schluss

Der Schluss muss wirken. „Ich danke ihnen für ihre Aufmerksamkeit" ist ebenso langweilig wie „So, und jetzt wollen wir ein bisschen feiern." Wer so eine Rede schließt, signalisiert; Ich habe zwar keinen guten Schluss, applaudieren sie aber bitte trotzdem.

Manche Redner üben zum Schluss Selbstkritik:

- „Jetzt feiern wir, geredet ist genug."
- „So, und nun kann uns nichts mehr vom fröhlichen Beisammensein abhalten."
- „Nun aber zum fröhlichen Teil, jetzt soll's gemütlich werden."
- „Genug der Worte, erheben wir das Glas."

Machen Sie Ihre Rede nicht schlecht. Der Schluss ist ein Höhepunkt der Rede. Wie Ihnen ein runder Schluss gelingen kann, habe ich bereits erläutert (vgl. S. 42).

Für Ehrungen, Geburtstage, Feiern und für Toasts ist eine Ergänzung notwendig: Wer am Ende der Rede die Zuhörerinnen und Zuhörer auffordert, das Glas zu erheben, tut sich keinen Gefallen: Wer das Glas erhebt, kann nicht applaudieren.

Zusammenfasst: Gute Reden sind Reden ohne Pathos. Vor allem dann, wenn es darum geht, Veranstaltungen zu eröffnen, ein Publikum zu begrüßen oder Menschen zu danken, zu ehren bzw. zu gratulieren. Überlassen Sie große Worte und steife Formulierungen und die trockene Versicherung von Respekt, Freundschaft oder Zuneigung getrost anderen Rednerinnen und Rednern. Folgen Sie der Maxime: Bei einer Rede kommt es darauf an, *eigene* Gedanken – dem Anlass angemessen – in *eigene* Worte zu fassen.

2 Ein Referat halten

Wie fange ich an? Wie höre ich auf? Und was mache ich zwischen Anfang und Ende? Zum Beispiel mit den Armen oder wenn mir ein Satz verunglückt oder ein Wort fehlt? Das sind die Themen dieses Abschnitts.

2.1 *Einstimmen statt verstimmen: Der Anfang*

Jede Oper hat eine Ouvertüre, die einstimmt. Sie sollten Ihre Zuhörerinnen und Zuhörer auf Ihr Referat einstimmen. Legen Sie sich Ihr Manuskript zurecht. Nehmen Sie Blickkontakt mit den Zuhörenden auf, und warten Sie, bis Ruhe eingetreten ist. Beginnen Sie langsam, laut und deutlich.

Weiter vorn habe ich Hinweise für einen guten Einstieg gegeben (S. 32). Ich ergänze sie nun um eine Warnung vor klassischen Fehleinstiegen, die ich häufig beobachte. Einige dieser „Fehltritte" sind vorbereitet: Kopien schlechter Beispiele.

Die meisten passieren aus Verlegenheit. Halten Sie sich deshalb, solange Sie noch kein Improvisationstalent sind, an folgenden Dreischritt:

1. Die ersten und die letzten Sätze intensiv vorbereiten,
2. diese Sätze Wort für Wort aufschreiben,
3. *genau* das – frei – vortragen, was notiert wurde.

Mit diesem Dreischritt stellen Sie sicher, dass Sie nicht mit einem der folgenden Handikaps an den Start gehen:

1. Entschuldigungen, Geständnisse
   - „Meine Vorbereitungszeit war so kurz, dass ich nur …"
   - „Ich kann Ihnen leider einige Ausführungen über … nicht ersparen."
   - „Ich bin zwar keine gute Rednerin, ich will aber trotzdem versuchen …"
   - „Mir war es bedauerlicherweise nicht möglich, …"
   - „Mein Thema ist vielleicht etwas kompliziert, aber …"

Wer sich entschuldigt, klagt sich an, sagt man in Frankreich. Machen Sie sich und Ihren Vortrag nicht vorab schlecht. Das schafft kein Wohlwollen, sondern führt zu einer negativen Erwartungshaltung.

2. Drohungen
   - „Mein Thema ist zwar außerordentlich kompliziert, dennoch …"
   - „Ich kann Euch einige Details über … nicht ersparen."

Vermeiden Sie Drohungen. „Denn das hat der Zuhörer gern: daß er deine Rede wie ein schweres Schulpensum aufbekommt; daß du mit dem drohst, was du sagen wirst"[23].

3. Vulgär-Rhetorik
   - „Wir alle sind an der Frage interessiert, ob die Globalisierung der Märkte …"
   - „Wir wollen alle eine Schule, die den Erfordernissen der Zeit gerecht wird."

---

23 Kurt Tucholsky: Gesammelte Werke. Bd. 8. Hrsg. Von Mary Gerold-Tucholsky und Fritz J. Raddatz. Reinbek 1993, S. 290. Verbreiten Sie auch keine schlechte Stimmung („Leider sind nur wenige gekommen …"), und vermeiden Sie das abgegriffene „Ich freue mich, dass Sie so zahlreich erschienen sind."

Von *Wir*-Floskeln rate ich aus zwei Gründen ab: (1.) Sie wecken Assoziationen zu geschraubten Politikerreden. (2.) Ein „Nein" aus dem Publikum kann Sie aus dem Konzept bringen. Und selbst ein stilles „Nein" bedeutet: Sie haben Widerspruch geweckt.

4. Ich-möchte-heute-Selbstverständlichkeiten
   - „Ich möchte heute über einige zentrale Aspekte der ... sprechen."
   - „Ich möchte Sie heute über wichtige Ergebnisse informieren, die wir in unserer Arbeitsgruppe ..."

Tun Sie es. Die Zuhörerinnen und Zuhörer wissen, dass Sie sprechen werden; und sie erwarten, dass Sie ihnen nicht die Zeit mit Unwichtigem stehlen.

5. Mein Thema
   - „Mein Thema lautet Personal- und Organisationsaspekte im Geschäftsprozessmanagement. Im Vordergrund steht dabei die Modularisierung ..."

Ein einfallsloser Einstieg, der steif und langweilig klingt. Führen Sie zu Ihrem Thema mit einigen Sätzen hin, die Interesse wecken.

6. Definitionismus
   - „Mein Thema lautet Personal- und Organisationsaspekte im Geschäftsprozessmanagement. Im Vordergrund steht dabei die Modularisierung von Organisationsstrukturen, wobei Modularisierung mit Picot, Reichwald und Wigand verstanden wird als, ich zitiere, eine Restrukturierung der Unternehmensorganisation auf der Basis integrierter ..."

Warum sollte ich mich dafür interessieren, was dieser unter jenem versteht, solange ich nicht erfahren habe, warum und wofür eine Definition oder Begriffsbestimmung notwendig ist?

7. Seminar-/Kongress-/Tagungs-Geschichte
   - „Die Literatur der frühen Neuzeit beschäftigt uns sein Beginn dieses Semesters."
   - „Wir haben uns in den letzten drei Tagen intensiv mit der Frage beschäftigt, ob ..."

Die Gefahr ist groß, dass Sie eine Tatsache bewusst machen, die als unbehaglich erlebt wird – und die eine oder der andere deshalb (hörbar) gequält seufzt.

Kurz: *Was* ist Sie zu Beginn eines Referats oder Vortrags sagen, ist wichtig. Zum ersten Eindruck gehört immer auch das, was man hört. Es lohnt daher, sich mit den ersten Sätzen besondere Mühe zu geben.

2.2 Blickkontakt, Körperhaltung, Sprechtempo und mehr

Ein gutes Referat hat einen interessanten Anfang und einen gelungenen Schluss. Anfang und Schluss liegen möglichst dicht beieinander – empfahl Mark Twain. Vom Anfang bis zum Schluss sprechen Sie über eine Sache zu Menschen. Was ist dabei zu beachten?

Blickkontakt

Halten Sie Blickkontakt mit den Zuhörenden. Schauen Sie nicht an die Decke, in einen entlegenen Winkel im Raum oder ständig auf Ihr Manuskript. Es kann sehr hilfreich sein, am Anfang den Blickkontakt mit einer Freundin oder einem Kollegen zu suchen, allgemeiner: zu freundlichen Menschen. Es gibt nie nur grimmige Zuhörerinnen und Zuhörer, sondern immer die eine oder den anderen, die oder der Sie freundlich anschaut oder zustimmend nickt.

Wichtig ist: Die Zuhörerinnen und Zuhörer einzeln anschauen – zwischen zwei und zehn Sekunden. Fixieren Sie niemanden. Sonst fühlen sich die Angeschauten unwohl.

Ein Hinweis (nicht nur) für Frauen: Körper können lügen. Eine Haltung oder ein Gesichtsausdruck signalisiert nicht immer eindeutig das, was ein Mensch denkt oder fühlt – auch wenn das in der Alltagspsychologie der Körpersprache hartnäckig behauptet wird. Wenn Sie Männer im Publikum anschauen, dann sehen Sie häufig scheinbar skeptische, reservierte, gelangweilte oder ablehnende Minen oder Körperhaltungen. Das ist bei vielen Männern eine Geschlechtsrollen-Haltung. Lassen Sie sich davon nicht irritieren: Der skeptische Gesichtsausdruck oder die gelangweilte Haltung bedeutet bei Männern nicht notwendig, Skepsis oder Langweile, sondern ist einfach nur eine Männer-Haltung.

Manuskript

Ein Manuskript oder Stichwortkarten sind keine Schande, sondern ein legitimes Hilfsmittel, das Sie nicht zu verstecken brauchen. Legen Sie die Blätter bzw. Karten vor sich auf den Tisch. Wenn Sie im Stehen ohne Pult sprechen, nehmen Sie das Manuskript in eine Hand und winkeln den Arm so an, dass Sie Ihre Notizen lesen können. Achten Sie in diesem Falle beim Gestikulieren darauf, dass Sie nicht mit dem Manuskript „wedeln". Legen Sie die Karteikarten bzw. Blätter, die abgehandelt sind, zur Seite oder schieben Sie sie hinter die anderen.

Wenn Sie es nicht vermeiden können, bestimmte Passagen abzulesen, achten Sie darauf, Pausen nicht nur nach Satzzeichen zu machen.

Lesen Sie den letzten Satz bitte einmal laut, und machen Sie nach jedem Komma eine kleine Pause. Sie merken: Das klingt abgelesen.

Gesprochene Sprache klingt etwa so: Wenn Sie es nicht vermeiden können bestimmte Passagen abzulesen / achten Sie darauf / Pausen / nicht nur / nach Satzzeichen zu machen.

Sprechpausen stimmen nicht mit der Zeichensetzung überein. Über manche Kommata sprechen wir hinweg und machen dafür an Stellen eine kleine Pause, an denen kein Satzzeichen steht.

Wenn Sie einen längeren Text zitieren, können Sie so den Blickkontakt mit dem Publikum beibehalten:

1. Zitat mit Blickkontakt ankündigen,
2. Zitat langsam vortragen,
3. mit Blickkontakt auf das Ende des Zitats hinweisen.

Körperhaltung

Wenn Sie *sitzen:* Rutschen Sie mit dem Hintern bis an die Rückenlehne und lehnen Sie sich an. Stellen Sie beide Füße auf den Boden. Wenn Sie klein sind, rutschen Sie so weit nach vorn, dass Sie Ihre Füße fest auf den Boden stellen können. Rücken Sie den Stuhl so nahe an den Tisch ran, dass Sie die Unterarme auf den Tisch legen und Ihre Ausführungen problemlos mit Gesten unterstreichen können. Bleiben die Hände unter dem Tisch, sinken Ihre Schultern nach vorne. Die Folge: Sie machen sich kleiner und sitzen nicht mehr gerade.

Wenn Sie *stehen:* Machen Sie nicht Schillers *Glocke* („Festgemauert in der Erde") und nicht den Tiger, der ständig am Gitter hin und her streift. Stehen Sie mit beiden Beinen fest auf dem Boden, das Körpergewicht gleichmäßig verteilt. Nehmen Sie die Schultern nach hinten, ziehen Sie die Schultern nicht hoch. Halten Sie den Rücken gerade und den Kopf erhoben. Beachten Sie schließlich drei „Verbote": Nicht

1. am Redepult festhalten,
2. über das Pult beugen,
3. auf das Pult schlagen. Schläge sind keine angemessene Form, um eine Forderung oder These zu unterstreichen.

Sie sind nur wenig größer als die Redepulte, die gewöhnlich aufgestellt werden? Dann sollten Sie sich darauf einstellen, auch ohne dieses Schutzschild auszukommen, denn nur auf professionell vorbereiteten Kongressen, Tagungen und Parteitagen steht ein höhenverstellbares Pult: Treten Sie neben das Pult oder schieben Sie es mit einer Bemerkung weg (zum Beispiel: „Ich nehme an, Sie wollen sehen, wer zu Ihnen spricht").

Gestik

Unterstreichen Sie – sparsam – das, was Sie sagen, mit den Händen. Das wird erschwert, wenn Sie

- die Arme verschränken,
- die Hände falten oder in die Taille stützen,
- einen Stift oder Ähnliches hin und her drehen,
- sich am Manuskript festhalten oder am Pult festklammern,
- sich mit den Händen auf das Pult stützen.

Wohin mit Armen und Händen? Auf den Tisch, wenn Sie sitzen. Wenn Sie stehen: Winkeln Sie einen Arm an und lassen Sie den anderen locker herunterhängen. Sie werden die Erfahrung machen: Nach einiger Zeit beginnen Sie ganz automatisch, Ihre Rede mit Gesten zu unterstreichen. Wenn Sie in der Hand des angewinkelten Arms eine Redevorlage halten, wird der andere Arm diese Funktion übernehmen.

Stehen Sie hinter einem Pult, kann es schwieriger werden. Oft sind Redepulte so hoch, dass gerade noch der Oberkörper zu sehen ist. Verzichten Sie auf Gestik, wenn Sie dafür die Arme sehr weit nach oben nehmen müssten. Ist das Pult nicht zu hoch, empfehle ich die gleiche Armhaltung wie beim freien Stehen. In jedem Falle sollten Sie nicht zu nahe am Pult stehen.

Studieren Sie keine Gesten ein. Das geht meist schief. Das Publikum spürt, wenn Gestik nicht echt ist. Wenn *Sie* für wichtig halten, was Sie vortragen, wenn *Sie* überzeugt sind von dem, was Sie sagen – dann stellt sich die richtige Gestik meist von selbst ein.

Nach meinen Erfahrungen geht es in der Regel nicht darum, Gestik zu lernen, sondern darum, sich überhaupt Gestik zu gestatten, Gesten zuzulassen, eine raumgreifende Körperhaltung einzunehmen. Beanspruchen Sie Raum. Dann müssen Sie nicht mehr viel über Gestik und Körperhaltung lernen.

Sie schmälern die Bedeutung Ihres Vortrags, wenn Sie mit den Schultern zucken oder den Kopf schräg halten. Das signalisiert: Ich habe es nicht wirklich ernst gemeint; ich weiß es selbst nicht genau; ich bin auf Zustimmung angewiesen; ich bin unsicher. Schließlich sollten Sie vermeiden, Haarsträhnen zu drehen, sich durch die Haare oder über das Gesicht zu fahren, den Kopf in die Hand zu stützen.

Mimik

Wenn Sie während einer Rede mit sich und der Situation zufrieden sind, lächeln Sie. Wenn Sie einen Witz erzählen, lachen Sie (aber nicht schon vor der Pointe). Wenn Sie über ein lustiges Thema berichten, bringen Sie Heiterkeit zum Ausdruck. Aber nur dann! Lächeln Sie nicht, wenn Ihnen nicht danach zumute ist. Es kommt nur ein Verlegenheitslächeln dabei heraus. Sie schmälern damit die Wirkung Ihrer Aussage *(ist wohl nicht so ernst gemeint)*.

Lautstärke

Auch die Zuhörerinnen und Zuhörer in der letzten Reihe haben Anspruch, Sie gut hören zu können. Deshalb muss die Lautstärke der Raumgröße angemessen sein. Zu leises Sprechen ist ebenso unangemessen wie zu lautes. „Mit einer sehr lauten Stimme im Hals" ist man „außerstande, feine Sachen zu denken" (Nietzsche). Und man verbaut sich die Möglichkeit einer Steigerung zur Betonung wichtiger Passagen. Der Wechsel von einer angemessenen Lautstärke zum leiseren Sprechen kann eindringlich wirken und die Aufmerksamkeit des Publikums erhöhen.

Lauter werden ist kein Mittel gegen Unruhe im Raum; eine kurze Pause ist meist wirksamer.

Pausen

Selten erlebe ich, dass bei Vorträgen zu langsam gesprochen wird. Häufig ist das Sprechtempo zu hoch. Etwa 100 Wörter in der Minute sind angemessen. Wenn Sie in Eifer geraten, können es auch 120 Wörter sein. Mehr sind zu viel

- für die Zuhörerinnen und Zuhörer: Sie können nicht mehr folgen;
- für Sie: Nach einiger Zeit stellt sich Atemnot ein.

Reden Sie nicht „ohne Punkt und Komma". Machen Sie Pausen. Pausen sind

- ein rhetorisches Mittel: Lassen Sie eine wichtige Aussage oder Frage wirken, indem Sie eine kurze Pause anschließen;
- ein Gliederungsmittel: Signalisieren Sie nach jedem Hauptgedanken durch eine Pause, dass eine neue Überlegung folgt;
- eine Wohltat für Sie und die Zuhörerinnen und Zuhörer: Sie geben Gelegenheit, Luft zu holen und nachzudenken;
- wichtig, um sich zu sammeln und bei Aufregung ruhiger zu werden.

Wichtig ist auch ein Wechsel im Sprechtempo. Ein gleichmäßig schnelles Tempo nervt die Hörerinnen und Hörer, ein kontinuierlich ruhiges Tempo ermüdet sie. Tragen Sie die entscheidenden Passagen mit Nachdruck vor: mit Betonung und Pausen. Legen Sie bei Beispielen und leicht verständlichen Sachverhalten im Tempo etwas zu.

Wegweiser

Die Zuhörerinnen und Zuhörer sind Ihnen dankbar, wenn Sie ihnen durch gliedernde Zwischenbemerkungen erleichtern, Ihrem Vortrag zu folgen. Machen Sie deshalb den Aufbau Ihrer Rede transparent, sagen Sie, wo Sie gerade sind und wie es weitergeht (vgl. S. 42).

2.3 Der wirksame Schluss

Machen Sie in der Zielgeraden nicht schlapp. Der Schluss ist wichtig. Was Sie zuletzt sagen, wirkt am längsten. Zunächst: Der Schluss muss wirklich der Schluss sein. Alles hat ein Ende. So mancher Vortrag hat zwei: Professorin A oder Professor B kündigt an, „ich komme zum Schluss" – und redet munter eine Viertelstunde weiter.

„Kündige den Schluß deiner Rede lange vorher an, damit die Hörer vor Freude nicht einen Schlaganfall bekommen ... Kündige den Schluß an, und dann beginne deine Rede von vorn und rede noch eine halbe Stunde. Dies kann man mehrere Male wiederholen."[24]

Lassen Sie den Schluss Ihres Referats in doppelter Hinsicht wirken: inhaltlich und atmosphärisch.

1. Inhaltlich

Ich habe empfohlen, die Schlussformulierungen schriftlich festzuhalten und sich nicht darauf zu verlassen, dass Ihnen spontan ein guter Schluss einfallen wird. Ich erlebe oft, dass dann nicht mehr herauskommt als Entschuldigungen oder Hoffnungsfloskeln:

- „Ich danke Ihnen für ihre Aufmerksamkeit."
- „Ja, das war eigentlich schon das Wichtigste. Vielen Dank für Eure Aufmerksamkeit."
- „Nun habe ich Ihre Geduld schon genug strapaziert."
- „Ich habe leider vieles nur anreißen können."
- „Ich hoffe, ich konnte dazu beitragen, ..."

Nehmen wir an, Sie schließen mit einem Zitat von Georg Christoph Lichtenberg: „Ich kann freilich nicht sagen, ob es besser wird, wenn es anders wird; aber so viel kann ich sagen, es muss anders werden, wenn es gut werden soll." Wenn Sie an diesen Satz eine Nebensächlichkeit, eine Entschuldigung oder eine Floskel anhängen, verpufft seine Wirkung – und damit die Wirkung *Ihres* Schlusses. Schieben Sie deshalb nichts nach. Lassen Sie den Schlusssatz wirken.

---

24 Kurt Tucholsky: Gesammelte Werke. Bd. 8. Hrsg. Von Mary Gerold-Tucholsky und Fritz J. Raddatz. Reinbek 1993, S. 292.

2. Atmosphärisch

Wenn Sie erleichtert sind, dass Sie Ihr Referat „über die Bühne gebracht" haben, ist das kein Grund, hörbar zu seufzen, laut durchzuatmen oder fluchtartig das Redepult zu verlassen. Vermitteln Sie Ihren Zuhörerinnen und Zuhörern nicht den Eindruck, Sie hätten etwas *überstanden*, von Ihnen sei eine *Last* gefallen. Signalisieren Sie, dass es gelohnt hat, Ihnen zuzuhören: Legen Sie nach dem letzten Satz eine Wirkungspause ein. Schauen Sie die Zuhörerinnen und Zuhörer freundlich an. Lassen Sie Ihrem Publikum Zeit für Applaus oder ein zustimmendes Klopfen.

Wenn Sie an einem Redepult oder einer anderen exponierten Stelle gesprochen haben und diesen Platz verlassen können oder sollen, ordnen Sie zunächst in aller Ruhe Ihr Manuskript, die Folien oder andere Unterlagen. Gehen Sie dann langsam zu Ihrem Platz.

2.4 Vom Umgang mit kleinen Missgeschicken

Ich schließe diesen Abschnitt ich mit einigen Hinweisen, wie Sie mit kleinen Pannen umgehen können. Die Frage lautet: *Und wenn ich ...*

... mit einem Satz nicht zurechtkomme?
Niemand spricht fehlerfrei. Es ist kein Drama, einen Satz mit kleinen Verstößen gegen die Grammatik zu beenden. Sprechen Sie einfach weiter, sofern problemlos zu verstehen ist, was Sie gemeint haben. Sie können auch (ohne Entschuldigung) das entsprechende Wort verbessern.

Kommen Sie mit Ihrem Satz nicht mehr klar, brechen Sie ihn ab und fangen neu an. Sie können schlicht sagen: „Ich beginne den Satz noch ‚mal neu." Oder Sie bluffen ein bisschen:

- „Ich möchte es besser formulieren."
- „Präziser ausgedrückt ..."
- „Genauer gesagt ..."

Der Bluff wird durchschaut, wenn Sie solche Formulierungen häufiger verwenden. Beugen Sie vor: Formulieren Sie kurze Sätze.

... rot werde?
Akzeptieren Sie es! Wenn es Ihnen gelingt, das Rotwerden nicht so wichtig zu nehmen, verringert sich das Problem mit der Zeit deutlich. Haben Sie während des

Referats den Eindruck, Sie würden einen knallroten Kopf bekommen, fragen Sie im Anschluss eine vertraute Person, ob er oder sie das bemerkt hat. Häufig täuscht der eigene Eindruck. Sie meinen, Ihr Kopf glüht, doch Ihr Publikum nimmt allenfalls ein leichtes Erröten wahr.

... zu leise rede?
Dagegen gibt es ein Mittel: üben, lauter zu reden. Gehen Sie nicht mit einem Tadel an den Start: Fordert man Sie nach den ersten Sätzen auf, „Sprechen Sie bitte lauter", ist der beste Anfang verpatzt.

An unserer Stimm*lage* können wir nur wenig ändern (es sei denn, wir lassen uns auf eine Geschlechtsumwandlung ein). An der *Lautstärke* lässt sich etwas verändern. Zum Beispiel sind heute viele junge Opernsängerinnen keine „Walküren" mehr, sondern schlanke Frauen, deren Stimme eine enorme Klangfülle hat.[25]

Achten Sie auch darauf, dass Ihre Stimme am Ende eines Satzes weder fragend höher wird noch abfällt, leiser wird. Sie nehmen Ihrer Aussage sonst die Kraft und Wirkung.

... mich verspreche?
Gehen Sie über kleine Versprecher hinweg, die den Sinn der Aussage nicht entstellen. Niemand ist perfekt. Wird der Sinn entstellt, korrigieren Sie sich ohne Entschuldigung: „Ich meine natürlich nicht Finanz*krise*, sondern Finanz*kreise.*"

Mit der Größe Ihres Wortschatzes nimmt die Wahrscheinlichkeit zu, dass Sie sich versprechen. Betrachten Sie deshalb einen klassischen Versprecher – *hormonisch* leben oder „Da stand ihnen der Hals bis zum Wasser" – als Kompliment.

Wenn Ihnen das *endliche Amtsergebis* passiert, wenn Sie *im Fischen trüben* oder vom *Kalb um den goldenen Tanz* sprechen – merkt es niemand. Oder Sie haben für einen Moment der Heiterkeit gesorgt. Das ist erfreulich. Und deshalb besteht kein Anlass, sich hektisch zu korrigieren; zumal aus der *h-Meß-Molle* leicht die *h-Moß-Melle* von Johann *Sebaldrian* Bach wird.

Lächeln Sie über Ihren Versprecher, und versprechen Sie dem Publikum, dass Sie ihn der Sprachwissenschaftlerin Helen Leuninger (Goethe-Universität Frankfurt/Main, Institut für Linguistik) schicken werden, die bereits rund achttausend solcher Versprecher gesammelt hat.

---

25 Frauen, die mehr „Gewicht" in Ihre Stimme legen wollen, damit ihr Wort Gewicht hat, finden weitere Hinweise bei Dagmar Gaßdorf: Zickenlatein. Den Erfolg herbeireden. Frankfurt/Main 2001.

... Dialekt spreche?
Freuen Sie sich! Meist wirkt eine Dialektfärbung sympathisch. Ein Dialekt stört nur dann, wenn die Verständlichkeit beeinträchtigt wird.

... nicht das treffende Wort finde?
Das kommt vor. Fahren Sie mit einer Umschreibung fort. Gelingt Ihnen das nicht, sagen Sie: „Mir fehlt der treffende Begriff." Sie werden sehen, Sie bekommen Hilfe von den Zuhörenden – und haben aus der „Not" eine Dialogsituation gemacht, Ihr Publikum aktiviert. Sie können es auch „eleganter" sagen: „Wie kann es ich treffend formulieren?" – und sich so eine Denkpause verschaffen.

... den roten Faden verliere?
Das ist keine Katastrophe. Ihre Zuhörerinnen und Zuhörer wissen nicht, was Sie als Nächstes sagen wollen. Und sie registrieren auch nicht jeden kleinen Fehler im Ablauf. Ist Ihnen der Faden gerissen, entsteht eine kleine Pause. Nur Sie wissen: Diese Pause tritt deshalb ein, weil Sie stecken geblieben sind. Schauen Sie auf Ihr Manuskript, wie es weitergeht. Suchen Sie in aller Ruhe die Anschluss-Stelle. Es ist üblich, und so wird es auch von den Zuhörenden registriert, nach einer gewissen Zeit der freien Rede einen Blick auf die Vorlage zu werfen, um sich zu vergewissern, was als Nächstes angesprochen werden soll.[26]

Ein anderes Mittel, den Anschluss wieder zu finden, sind (Zwischen-) Zusammenfassungen oder Wiederholungen dessen, was Sie zuletzt gesagt haben:

- „Ich fasse diesen Punkt kurz zusammen."
- „Ich möchte noch einmal betonen ..."

... etwas vergessen habe?
Ihr Publikum weiß nicht, was Sie alles sagen wollten. Ihm fällt also auch nicht auf, dass Sie etwas weggelassen haben. Wenn Sie ein zentrales Argument, eine wichtige Passage übersprungen haben, tragen Sie diesen Punkt bei passender Gelegenheit – aber nicht in der Zusammenfassung – nach:

- „Ein wichtiger Gesichtspunkt fehlt noch ..."
- „In diesem Zusammenhang ist zu ergänzen ..."

---

26 In meinen Seminaren haben Teilnehmerinnen und Teilnehmer nach einem *Blackout* meist den Eindruck, dieser hätte „ewig" gedauert. Die Videoaufnahmen zeigen: „Ewig" war zwei oder drei Sekunden.

- „Dabei ist allerdings zu berücksichtigen, und das habe ich bisher noch nicht getan, dass ..."

2.5 Einen Vortrag halten. 12 Empfehlungen

1. Stimmen Sie die Zuhörerinnen und Zuhörer auf Ihren Vortrag ein: Legen Sie sich Ihr Manuskript zurecht. Nehmen Sie Blickkontakt auf und warten Sie, bis Ruhe eingetreten ist. Beginnen Sie langsam, laut und deutlich.
2. Schreiben Sie die ersten und die letzten Sätze Wort für Wort auf. Tragen Sie *genau* das *frei* vor, was Sie notiert haben.
3. Beginnen Sie nicht mit Entschuldigungen oder Geständnissen. Vermeiden Sie die Drohung, dass es kompliziert wird, verbreiten Sie keine schlechte Stimmung und starten Sie nicht mit einer Definition.
4. Halten Sie kontinuierlich Blickkontakt. Schauen Sie die Zuhörerinnen und Zuhörer einzeln an.
5. Sitzen bzw. stehen Sie aufrecht und mit beiden Beinen fest auf dem Boden. *Sitzen:* Rücken Sie den Stuhl so nahe an den Tisch ran, dass Sie die Unterarme auf den Tisch legen können. *Stehen:* Verteilen Sie das Körpergewicht gleichmäßig auf beide Beine. Nehmen Sie die Schultern nach hinten und halten Sie den Kopf erhoben.
6. Studieren Sie keine Gesten ein. Unterstreichen Sie *sparsam* mit den Händen, was Sie sagen.
7. Lächeln Sie nur dann, wenn Sie mit sich und der Situation zufrieden sind, sonst kommt nur ein Verlegenheitslächeln heraus.
8. Reden Sie nicht „ohne Punkt und Komma". Machen Sie Pausen.
9. Wechseln Sie das Sprechtempo. Tragen Sie die entscheidenden Passagen mit Nachdruck vor: mit Betonung und Pausen. Legen Sie bei Beispielen und leicht verständlichen Sachverhalten im Tempo etwas zu.
10. Stellen Sie Wegweiser auf.
11. Lassen Sie Ihren Schluss wirken.
12. Lassen Sie sich von kleinen Pannen nicht aus der Ruhe bringen. Kleine Pannen sind kein Drama.

Medien professionell einsetzen

Ich erlebe an Hochschulen, auf Kongressen, Tagungen und anderswo zwei Extreme:

1. Ein Wissenschaftler setzt 45 Minuten allein auf das Wort. Auf den Einsatz von Medien wird völlig verzichtet.
2. Eine Doktorandin schließt ihren Laptop an einen Beamer an und projiziert 45 Minuten viele belanglose Informationen. Der Vortrag wird nicht mit einem Medium unterstützt, vielmehr ist der Medieneinsatz Selbstzweck. Was einmal modern war, ist vielfach nur noch langweilig.

Martin Wehrle hat ähnliche Erfahrungen gemacht; er spitzt sie ironisch zu:

> „Das beste Schlafmittel dieser Erde ist nicht apothekenpflichtig. Man muss es schlucken, sobald man eine Kongresshalle betritt ... Dieses Schlafmittel lässt Gedanken erstarren, verwandelt Säle in Schlafsäle und macht lebendige Gesichter zu Masken. Sein Name ist – PowerPoint.
>
> In der Computer-Steinzeit mag diese Präsentationstechnik die Zuhörer überrascht haben ... Doch heute fällt PowerPoint unter das Betäubungsmittelgesetz, zumindest in der Form, wie es die meisten verabreichen."[27]

Der Medieneinsatz ist von Fach zu Fach verschieden. Während *PowerPoint* in den Wirtschaftswissenschaften mittlerweile selbstverständlich und in den Sozialwissenschaften schon lange keine Seltenheit mehr ist, sind die Geisteswissenschaften zurückhaltender. In anderen Disziplinen wird der Diaprojektor nicht belächelt und in der Mathematik ist die Tafel nicht verpönt.

---

27 *Die Zeit* Nr. 8 vom 17. 2. 2011, S. 73.

Moderner ist nicht gleich besser. Was heute originell ist, kann bereits morgen auf die Nerven gehen.[28] Vorträge, Referate und Reden können auch ohne Medien sehr gut sein. So fesseln die Reden mancher Politiker auf Parteitagen oder Marktplätzen viele Zuhörerinnen und Zuhörer. Spitzenpolitiker kommen gut ohne Medien aus.

Medien sind Mittel zum Zweck. Auf den nächsten Seiten geht es darum, wie Sie diese Mittel so einsetzen können, wie Sie Grafiken, Fotos, Diagramme usw. so gestalten sollten, dass sie ihren Zweck erfüllen,

- komplexe Sachverhalte zu veranschaulichen,
- Interesse und Aufmerksamkeit zu wecken und aufrecht zu erhalten.

1 Warum visualisieren?

Ein Bild sagt nicht *immer* mehr als tausend Worte; aber es kann manchmal bessere Dienste leisten als viele Worte. Vor allem dann, wenn es darum geht, Aufmerksamkeit bzw. Interesse zu wecken und das Verstehen zu erleichtern. Visualisierungen sind zudem hilfreich, um zu zeigen, wie man etwas macht. Schließlich erleichtern Bilder, nicht-sprachliche Zeichen, das Behalten. Für die Sozial- und Geisteswissenschaften sind vor allem die ersten beiden Funktionen relevant.

1. Aufmerksamkeit und Interesse wecken

Wenn Sie eine Zeitschrift aufschlagen, eine Web-Page oder eine Folie anschauen, blicken Sie – wie die meisten Menschen – zuerst zum Bild. Bilder lenken die Aufmerksamkeit. Sie machen neugierig. Sie können zum Nachdenken anregen, erheitern oder Betroffenheit auslösen. Deshalb lässt sich mit Bildern ein Referat bzw. Vortrag wirkungsvoll unterstützen. Drei Beispiele:

1. Ein Vortrag über die Inszenierung von Politik wird veranschaulicht mit Bildern, die inszenierte Politik zeigen (Abbildungen 6 und 7).

---

28 *PowerPoint* kam im April 1987 auf den Markt. Heute ist das Programm auf rund einer halben Milliarde Computern installiert. Jürgen Kaube: PowerPoint. In: Der Campus-Knigge. München 2008, S. 151.

Warum visualisieren?

Quelle: www.bmu.de/mediathek/fotogalerien/archiv/doc/print/39017.php (9.10.2011).

Abbildung 6   Der ehemalige Bundesumweltminister Sigmar Gabriel übernimmt im März 2007 die Patenschaft für den Eisbären Knut

Quelle: H. Joesch, Bundesministerium für Ernährung, Landwirtschaft und Verbraucherschutz.

Abbildung 7   Bundesministerin Ilse Aigner zeigt sich kinderfreundlich

2. Ein Referat über Wahrnehmungsmuster können Sie mit einem Bild beginnen, das zeigt, wie unterschiedlich ein Objekt wahrgenommen werden kann (Abbildung 8).

Abbildung 8 Bild für einen Vortragseinstieg

3. Es befriedigt die Neugier der Zuhörerinnen und Zuhörer, wenn sie die Personen sehen, über die gesprochen wird. Deshalb bietet es sich zum Beispiel an, ein Referat über die Instrumentalisierung des Sports durch die Politik mit Bildern von der Bundeskanzlerin bei wichtigen Fußballspielen oder von CSU-Chef Seehofer bei der Eröffnung der Olympischen Winterspiele in Vancouver 2010 zu veranschaulichen.

Das dritte Beispiel muss präzisiert und ergänzt werden. Die Präzisierung: Auf einem Soziologenkongress würde man sich blamieren, wenn man einen Vortrag über systemtheoretische Ansätze mit Bildern von Luhmann oder anderen prominenten Vertretern dieser soziologischen Richtung begleiten würde. In einem Einführungsseminar über die verschiedenen Strömungen der Sozialwissenschaft fänden die meisten Studierende solche Bilder gut. Allgemeiner: Bilder müssen situationsangemessen eingesetzt werden – und das heißt vor allem: adressatenorientiert.

Die Ergänzung. *Adressatenorientierung* heißt auch: das Alter der Zuhörerinnen und Zuhörer zu bedenken. Wer 2012 ein Studium beginnt, kennt Angela

Merkel und Jürgen Trittin, hat aber zum Beispiel viele Mitglieder des ersten Kabinetts von Gerhard Schröder nicht bewusst miterlebt.

2. Das Verstehen fördern

Blättern Sie bitte zurück auf die Seiten 28 und 37. Die Abbildungen 1 und 3 vermitteln auf *einen Blick* eine Vorstellung vom Ganzen. Solche Orientierungen erleichtern den Zuhörerinnen und Zuhörern das Verständnis von Zusammenhängen, die Sie in einem Referat nur nach und nach entwickeln können.

Visualisierungen sind zudem dann besonders hilfreich, wenn Strukturen oder Prozesse erläutert werden sollen, die der sinnlichen Wahrnehmung nicht zugänglich sind. Ein Beispiel zeigt Abbildung 9.

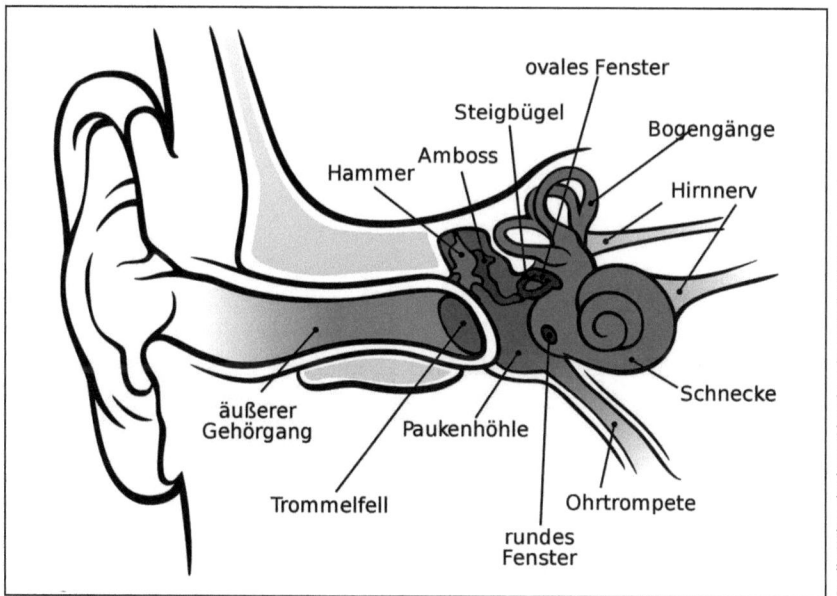

Abbildung 9 Das menschliche Ohr

3. Zeigen, wie man es macht

Stellen Sie sich vor, Sie müssten ein *Ikea*-Regal nach einer Bedienungsanleitung ohne Zeichnungen aufbauen oder sollten nur mit Worten erklären, wie eine Krawatte gebunden wird: Visualisierungen sind für *Handlungsanleitungen* nützlich.

Sollte ich erläutern, wie man einen Seemannsknoten macht, würde ich es zeigen, die Bildsprache zu Hilfe nehmen.

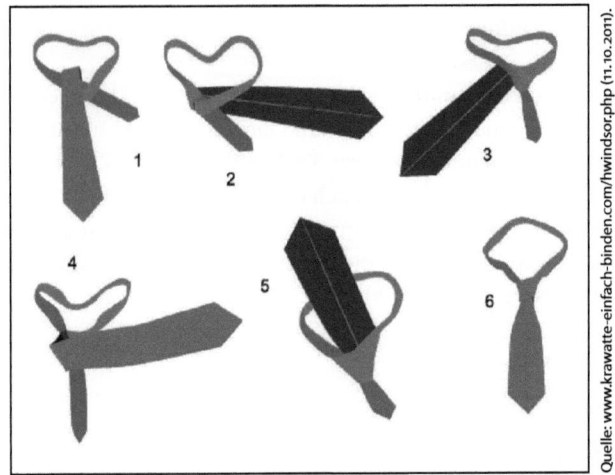

Abbildung 10   Einen Windsorknoten binden

4. Das Behalten erleichtern

Die Verknüpfung von Wort und Bild erleichtert das Behalten, weil zwei Lern-„Kanäle" angesprochen werden: Ohr und Auge. Der Behaltenseffekt wird noch verstärkt, wenn ein Bild eine emotionale Reaktion auslöst. Deshalb empfehle ich auf der Seite 89, Bilder statt Zahlen oder Diagrammen einzusetzen, wenn dies sinnvoll möglich ist.

2 Was visualisieren?

Nicht alles kann und muss für ein Referat oder einen Vortrag in Bilder übersetzt werden. Was lässt sich sinnvoll visualisieren?

1. Zahlen

Tabellen sind nur dritte Wahl. Zweite Wahl sind Diagramme. Bilder sind für mich erste Wahl. Die erste Wahl ist nicht immer möglich und sinnvoll. Betrachten Sie diese Rangfolge deshalb nicht als Abwertung von Tabellen und Diagrammen, sondern als Anregung zu prüfen, ob ein Bild eingesetzt werden kann. So lässt sich zum Beispiel der Anteil der Frauen in den Parlamenten als Tabelle, als Diagramm oder wie in Abbildung 11 als Piktogramm darstellen.

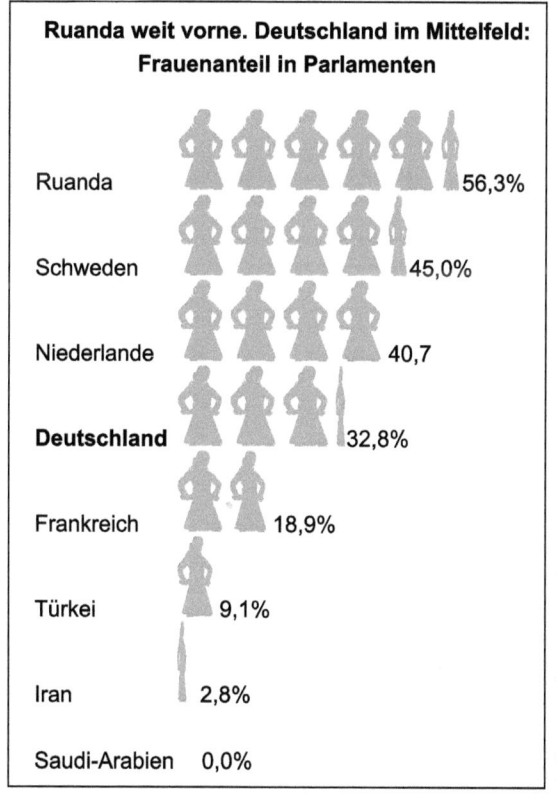

Abbildung 11 Piktogramm

Tabelle

Tabellen sind in der Regel nicht selbstredend; sie müssen erläutert, wichtige Daten hervorgehoben werden. Zahlenkolonnen tragen häufig mehr zur Verwirrung als zur Klärung eines Sachverhalts bei. Weniger ist häufig mehr: weniger Zahlen in einer Tabelle und weniger Tabellen während eines Vortrags.

Tabellen können ein zweckdienliches Mittel zur kompakten Präsentation von Ergebnissen sein – wenn die Daten sinnvoll und übersichtlich angeordnet sind. Ein Beispiel ist die folgende Tabelle[29], der auf einen Blick zu entnehmen ist, in welchen Staaten der Frauenanteil im Europaparlament über bzw. unter dem Durchschnitt liegt.

Eine Tabelle sollte eine Überschrift haben, in der eine Kernaussage hervorgehoben wird.

Die Zahlen der Beispiel-Tabelle könnten auch auf eine Europakarte übertragen werden. Das Mehr an Anschaulichkeit ginge dann allerdings zulasten der Übersichtlichkeit.

**Schlusslicht Malta. Spitzenreiter Finnland:
Weibliche Europa-Abgeordnete 2009**

Land	Prozent
Finnland	62
Schweden	56
Estland	50
Niederlande	48
Dänemark	46
Frankreich	44
Bulgarien	41
Österreich	41
Slowakei	38
Lettland	38
Deutschland	37
Belgien	36
Portugal	36
Spanien	36
Ungarn	36
Rumänien	36
Durchschnitt	**35**
Großbritannien	33
Zypern	33
Griechenland	32
Slowenien	29
Irland	25
Litauen	25
Polen	22
Italien	21
Tschechische Republik	18
Luxemburg	17
Malta	0

---

29 Europaparlament: www.europarl.europa.eu/parliament/archive/elections2009/de/men_women_de_txt.html (11.10.2011).

Diagramm

Tag für Tag werden in Hörsälen Tortenschlachten geschlagen, Studierende mit Diagrammen überhäuft, die eine schlüssige Argumentation ersetzen, statt zu unterstützen.

Das ist kein Grund auf Diagramme zu verzichten; aber ein guter Grund, sie richtig und wohl dossiert einzusetzen.

Wenn Sie Zahlen und Daten in Diagramme übersetzen, sollten Sie drei Regeln beachten:

1. Gestalten Sie Diagramme so, dass Ihr Publikum über die *Informationen* nachdenkt und nicht über die Diagramm-*Gestaltung*.
2. Nur *das zeigen, was die Daten aussagen.*
3. *Zusammenhänge* statt Einzelheiten zeigen.

Diagramme brauchen einen Titel, der knapp und treffend informiert, worum es geht. Zu prüfen ist stets, ob eine Legende und Quellenangaben notwendig und die Farben bzw. Schraffuren deutlich erkennbar und voneinander zu unterscheiden sind.

Wann ist ein Stab-, Säulen- oder Balkendiagramm die richtige Wahl und wann ein Kreis-, Linien- bzw. Flächendiagramm? Das hängt davon ab, was Sie zeigen wollen. Der Übersicht von Zelazny können Sie entnehmen, welcher Diagramm-Typ wofür geeignet ist (Abbildung 12).

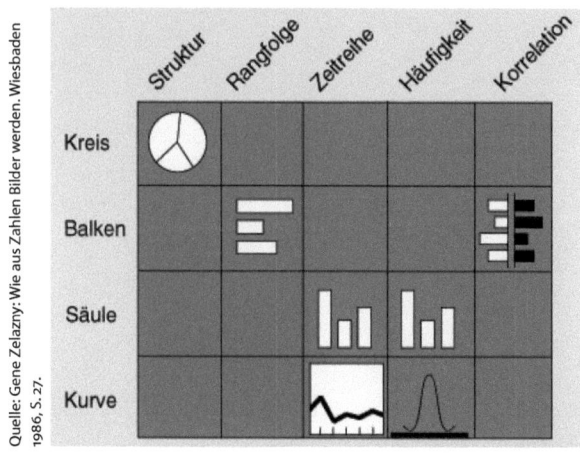

Abbildung 12 Was mit welchem Diagramm-Typ veranschaulicht wird

Kreisdiagramm

Aus der Wahlberichterstattung im Fernsehen wissen Sie: Für die Darstellung von Sitz*verteilungen* in Parlamenten wird die „Torte" gewählt. Das *Kreisdiagramm* eignet sich besonders zur Darstellung von (Prozent-)Anteilen an einer Grundgesamtheit (100 %).

Drei Gesichtspunkte sind bei der Erstellung eines Kreisdiagramms zu beachten:

- Ein Kreisdiagramm sollte nicht mehr als sechs Werte enthalten, da sonst eine problemlose Orientierung nicht möglich ist.
- Die Kreis-Segmente werden – beginnend mit dem größten Wert – im Uhrzeigersinn angeordnet.
- Soll ein Aspekt besonders hervorgehoben werden, kann man ein Segment herausstellen (Abbildung 13).

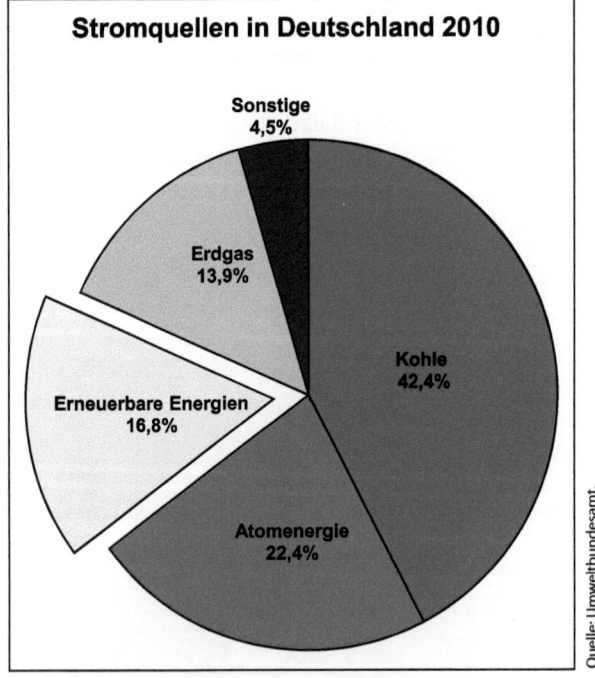

Abbildung 13   Kreisdiagramm

Was visualisieren? 87

Kurvendiagramm

Veränderungen im Laufe der Zeit, Schwankungen, Ab- und Zunahmen lassen sich mit einem Kurven. bzw. Liniendiagramm visualisieren (Abbildung 14).

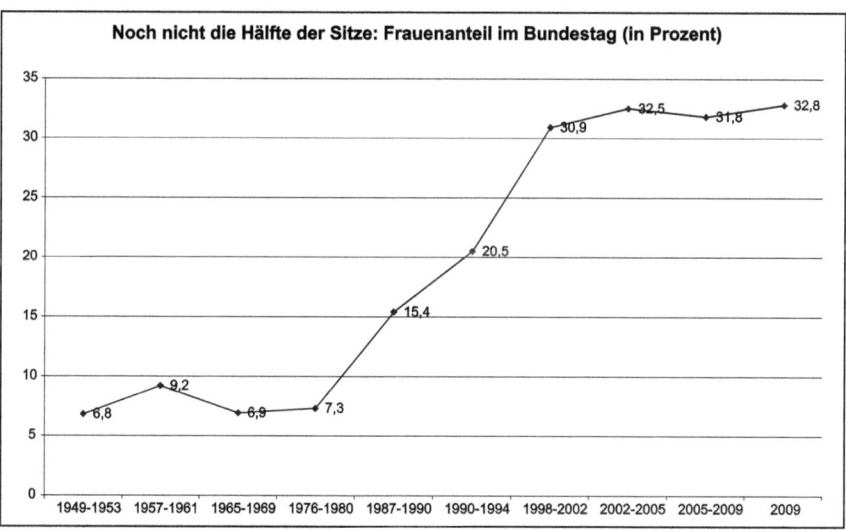

Quelle: http://de.wikipedia.org/wiki/Frauenanteil_im_Deutschen_Bundestag_seit_1949 (12.10.2011).
Die Prozentwerte beziehen sich auf den Beginn der Legislaturperiode.

Abbildung 14 Kurvendiagramm

Balken- und Säulendiagramm

Für die Darstellung von *Häufigkeitsverteilungen* ist das Säulendiagramm geeignet (Abbildung 15). Sind solche Verteilungen *Rangfolgen,* bietet sich das Balkendiagramm an (Abbildung 16). Ein Vergleich der Abbildungen 15 und 16 und 17 zeigt: Es lässt sich nicht immer eindeutig bestimmen, welcher Diagramm-Typ die beste Wahl ist, um Rangfolgen abzubilden.

Eindimensionale Balken und Säulen sind schneller und leichter zu erfassen als zwei- oder dreidimensionale. Deshalb sind sie angemessen. Mehrdimensionale Darstellungen, die Programme wie *Excel* nahe legen, sind Spielereien.

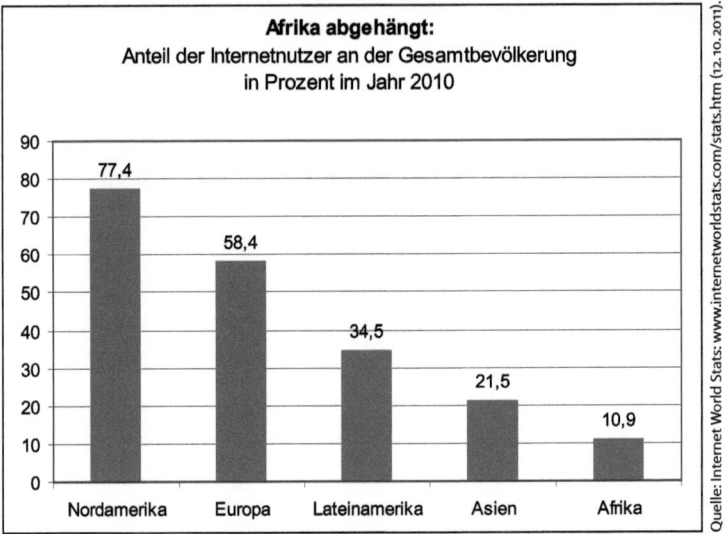

Abbildung 15 Säulendiagramm

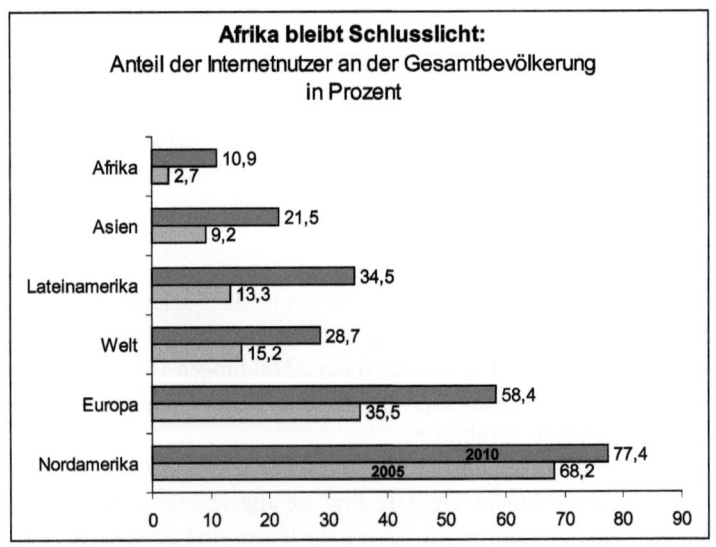

Abbildung 16 Balkendiagramm

Was visualisieren? 89

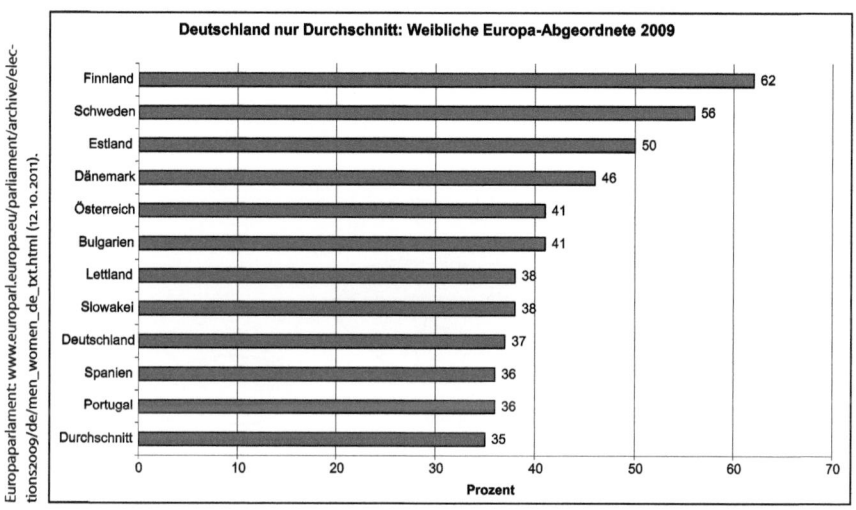

Abbildung 17   Balkendiagramm

Zahlenbilder, Piktogramme

Mit Piktogrammen (Abbildung 11) können Vorgänge bzw. Sachverhalte anschaulicher dargestellt werden als mit Tabellen, Balken, Säulen oder Kurven. Zweierlei ist beim Einsatz von Piktogrammen zu beachten:

- Es gilt der Grundsatz, *Klasse vor Masse.*
- Piktogramme müssen eindeutig und leicht verständlich sein.

Wenn eine Entwicklung sehr drastisch ins Bild gerückt werden soll, können Veränderungen wie in Abbildung 18 visualisiert werden – unter einer Voraussetzung: Es muss sachlich gerechtfertigt sein, dass die Größenrelation nicht hundert Prozent exakt ist.

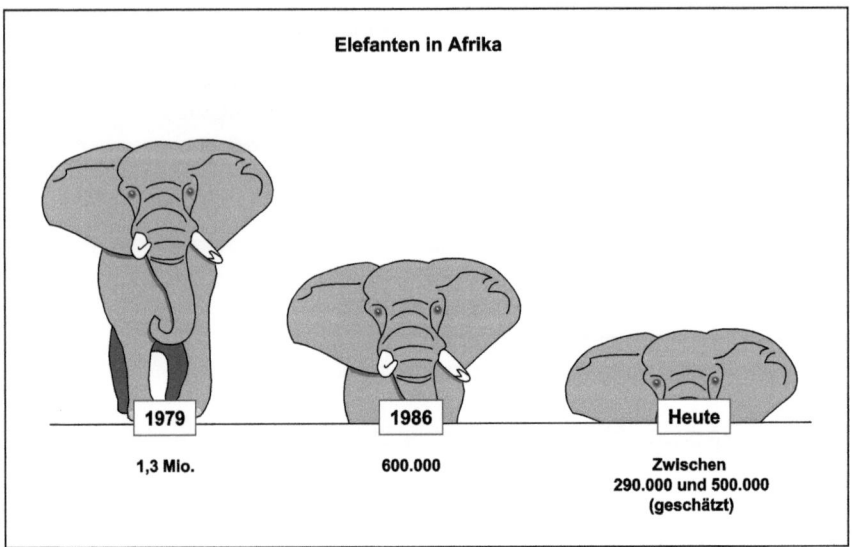

Abbildung 18   Daten als Zahlenbild

2. Strukturen und Zusammenhänge

Strukturen, Zusammenhänge, Beziehungen und Wechselwirkungen können verbal nur schrittweise erläutert werden. In einer Abbildung sind sie auf einen Blick zu sehen. *Sehen,* betonen Franck/Stary, „heißt nicht *verstehen.* Die sinnliche Wahrnehmung ist ein Zugang zum und eine Stütze für das Verstehen. Eine Abbildung, etwa der Faktoren und Beziehungen, die Lernen fördern bzw. behindern, kann die Erläuterung dieser Faktoren und Beziehungen nicht ersetzen; sie ist nicht selbstredend, aber für das Verständnis hilfreich und deshalb nützlich."[30]

Die Abbildungen 1, 2 und 3 (S. 28, 30 und 37) sind Beispiele für das Visualisieren von Strukturen und Zusammenhängen. Ich ergänze diese Beispiele um ein weiteres (Abbildung 19, S. 91).

„Klassiker" der Visualisierung von Strukturen sind das Organigramm und der Stammbaum. Umfangreiche Organigramme und Stammbäume sind für Präsentationen nicht geeignet, da sie nicht in der erforderlichen Schriftgröße (vgl. S. 94)

---

30   Norbert Franck, Joachim Stary: Gekonnt Visualisieren. Paderborn 2006, S. 36.

Was visualisieren?

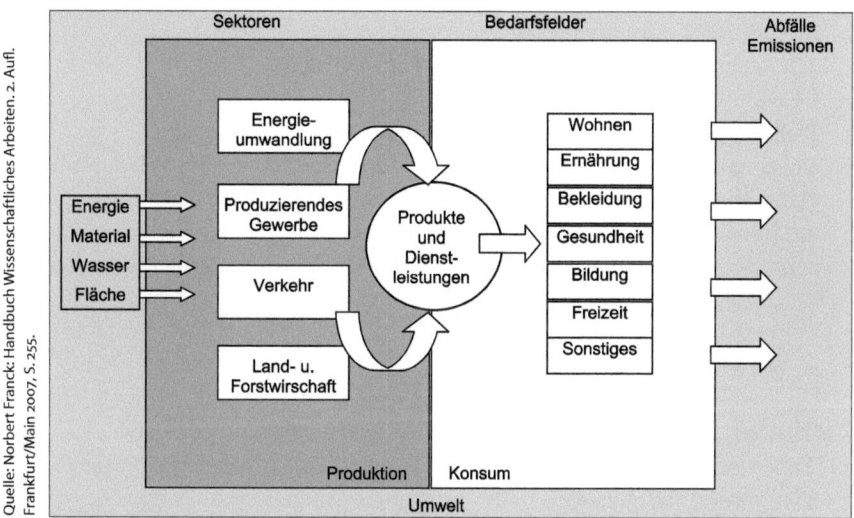

Abbildung 19 Zusammenhänge visualisieren

gestaltet werden können. Das gilt auch für das Flussdiagramm, das ich deshalb nur sehr kurz vorstelle.

3. Abläufe

Handlungs- und Entscheidungsabläufe, (Versuchs-)Anleitungen, Regeln, Vorschriften, Fehlersuchprogramme usw. können mit einem Flussdiagramm visualisiert werden. Fünf Formen werden gewöhnlich für ein Flowchart verwandt:

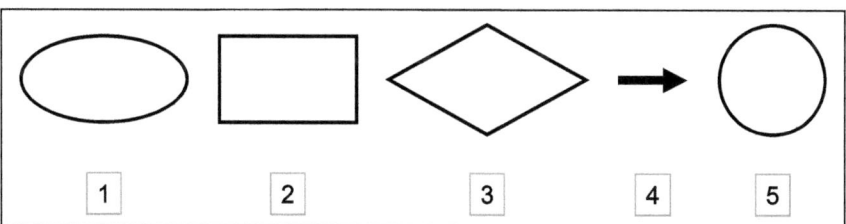

Abbildung 20 Elemente eines Flussdiagramms

1. Anfang und Ende eines Flussdiagramms.
2. Mit Rechtecken werden Tätigkeiten gekennzeichnet.
3. Eine Raute steht für Entscheidungen.
4. Pfeile zeigen die Richtung des Handlungsablaufs.
5. Mit einem Kreis wird ein Anschlusspunkt markiert. Er wird benötigt, wenn ein Handlungsverlauf aus Platzgründen nicht mehr oder nicht mehr übersichtlich dargestellt werden kann. In den Kreis wird ein Buchstabe oder eine Ziffer gesetzt, der/die bei der Fortsetzung an anderer Stelle wieder aufgenommen wird.

3 Wie visualisieren?

Visualisieren bedeutet nicht: eine Bilderflut produzieren. Und auch nicht: viel Text auf Folien oder ein anderes Medium übertragen. Folien sollen *nicht* zeigen, was *Sie* alles wissen. Visualisieren heißt: Informationen gestalten. Fragen Sie bei der Gestaltung von Folien daher nicht, was Sie alles auf eine Folie packen können. Überlegen Sie vielmehr, was *Ihr Publikum* der Folie entnehmen soll.

Abbildung 21 ist ein Beispiel dafür, wie eine Folie *nicht* aussehen sollte.

Präsentations-Techniken

Unterleg-/Ergänzungstechnik

„Bei dieser Technik liegt eine vorgefertigte Folie mit einem Grundmuster unter einer unbeschriebenen Folie (oder – sofern vorhanden – unter der Rollenfolie). Die unbeschriebene Folie wird während der Präsentation ergänzt. Die darunterliegende Folie mit dem Grundmuster bleibt unverändert und kann wieder verwendet werden."

Überleg-(Aufbau-, Overlay)Technik

„Diese Technik ist besonders *anschaulich* und gut geeignet, einen *komplizierten Zusammenhang* zu erläutern. Durch Übereinanderlegen mehrerer Folien wird das Schaubild *schrittweise* aufgebaut. Dabei können bis *zu acht Folien* (Stärke 0,08 mm) übereinander gelegt werden ..."

Figurinentechnik

„Hierbei wird eine Folie mit einer Schere in verschiedene Teile zerlegt, die der Reihe nach aufgelegt werden. Ebenso wie bei der Überlegtechnik ist das Ziel dieser Technik, einen Sachverhalt schrittweise zu entwickeln. Hinzu kommt aber noch der VORTEIL, dass die verschiedenen Elemente oder Figuren auf der Arbeitsfläche des Projektors nach Belieben BEWEGT (also z. B. Prozesse, Abläufe, Bewegungen simuliert) werden können."

Karl Zeigmal: Schlechte Folien erstellen.
Hochschule der Künste. München 2011
Folie 2 von 32

Quelle: Bunt 2009, S. 123f.

Vorträge2011/Folien/Schrift1.doc

Abbildung 21   „Klassische" Fehler der Folien-Gestaltung

1. Die Schrift ist zu klein.
2. Mit Graufstufen, Rastern und Negativschrift wird ein doppelter Negativeffekt erreicht: Das Lesen wird erschwert, und die Folie sieht hässlich aus. Kopien solcher Folien sind extrahässlich.
3. Mit einem Wirrwarr an Hervorhebung erzielt man allenfalls den Effekt, für etwas wirr gehalten zu werden.
4. Folien sind keine Traueranzeigen. Vermeiden Sie deshalb Rahmungen.
5. Drohungen – „Folie 2 von 32" – sollten vermieden werden.
6. Ihren Namen können sich die Zuhörerinnen und Zuhörer auch dann merken, wenn er nicht auf jeder Folie steht.
7. Dateinamen sind für das Publikum uninteressant.
8. Auf Folien werden Informationen *aufbereitet*. Deshalb sollten ganze Sätze die Ausnahme sein, die wichtigen Definitionen vorbehalten ist. Was aufbereitet meint, können Sie der Abbildung 22 entnehmen.

Aufdecktechnik

Prinzip
Darstellung schrittweise aufdecken

Vorteil	**Nachteil**
Informationen dosieren	Publikum in Schüler-Rolle
Aufmerksamkeit lenken	

Fazit
Nicht geeignet für Hochschule, Erwachsenen-, Weiterbildung

Abbildung 22 Informationen gestalten – Beispiel Textfolie

Wenn Sie die folgenden fünf Regeln bei der Gestaltung von Folien beachten, sind Sie auf der sicheren Seite:

1. Überschaubare Zahl an Informationen

Die Informationen auf einer Folie sollten auf einen Blick erfasst werden können. Deshalb: nicht mehr als sieben Aussagen. Nutzen Sie maximal 60 % der Folie aus.

Lassen Sie an allen Seiten einen breiten Rand und genügend Abstand zwischen den Zeilen. Schreiben Sie nicht mehr als 10 bis 12 Wörter pro Zeile.

2. Klare Struktur

Gliedern Sie Textinformationen durch

1. Ziffern
- Spiegelstriche,
- Punkte,
⇨ Pfeile oder
- andere typografische Elemente.

3. Richtige Schriftgröße

Nicht unter 20 Punkt – besser größer:

- 20 Punkt für Bildunterschriften,
- 24 Punkt für den laufenden Text,
- 24 Punkt fett für Hervorhebungen,
- 28 Punkt fett für Zwischenüberschriften und
- 32 Punkt fett für die Hauptüberschrift.

4. Überlegter Umgang mit Farbe, Schrift und Zeichen

Seriöse Folien sind keine bunten Bildchen. Bunte Folien lenken meist vom Wesentlichen ab und sind deshalb keine Verständnishilfe. In der Werbung mögen sie deshalb angebracht sein.

Setzen Sie Farben gezielt ein zur Hervorhebung und Gliederung. Wenn Sie mehrere Farben verwenden, sollten Sie identische Sachverhalte mit denselben Farben hervorheben (zum Beispiel Rot für Ursache, Blau für Wirkung).

Verzichten Sie auf Schrift-Spielereien. Wechseln Sie die Schriftart nur dann, wenn Sie deutlich machen wollen, diese Aussage hat eine andere Bedeutung, einen anderen Stellenwert. In der Regel genügen

- eine Schrift*art* (wenn Sie die Überschrift absetzen wollen: zwei). Mit „Arial" sind Sie auf der sicheren Seite,

- vier Schrift*größen:* Überschrift, Zwischenüberschrift, Text, Bildunterschrift,
- zwei bis drei Schrift*schnitte:* normal, *kursiv* und **fett**.

Prüfen Sie beim Einsatz von *PowerPoint:* Dienen die angebotenen Gestaltungsvorlagen dazu, die Struktur Ihrer Informationen hervorzuheben oder sind sie nur Design-Schnickschnack, der keine Funktion erfüllt?

Schwarz auf Weiß	Weiß auf Schwarz
Gut lesbar. Schrift darf nicht zu „leicht" sein, weil sie sonst überstrahlt. Eventuell Hintergrund abtönen.	Negative Schrift ist anstrengend zu lesen und ermüdet das Auge. Nur für kurze Textpassagen verwenden.
Schwarz auf leicht getöntem Hintergrund	Schwarz oder Weiß auf mittelgrauem Hintergrund
Ideales Kontrast-Verhältnis.	Sowohl Schwarz als auch Weiß sind gut lesbar.

Abbildung 23 Hintergrund und Schrift

5. Bewegung und Ton überlegt einsetzen

PowerPoint lädt zum „Animieren" von Folien ein. Das kann sinnvoll sein, um die Aufmerksamkeit des Publikums zu steuern. Wenn Sie Ihre Folien animieren, sollten Sie seriöse Effekte wählen. Lassen Sie eine neue Textzeile oder ein neues Bildelement nur „erscheinen" und nicht in „dreifacher Umdrehung von unten links einfliegen" oder „zeichenweise von oben in die Folie fallen".

PowerPoint ermöglicht es, das Erscheinen von Texten oder Bildern musikalisch zu untermalen. Das ist Unfug. Lassen Sie die Finger weg von Sound-Effekten wie „Trommelwirbel" oder „Schreibmaschineneffekt".

Kostenfreie Bilder finden Sie unter anderen bei *Wikimedia*[31], *Flickr*[32] und *pixelio*[33]. Über Alternativen zu *PowerPoint* informiert *Wikipedia*[34].

4 Worauf es beim Medieneinsatz ankommt

Halten Sie es beim Medieneinsatz mit Goethe: „Alles, was uns imponieren soll, muss Charakter haben."[35] Referate oder Vorträge sind kein Nachweis technischer Kompetenz. Im Vordergrund steht das Thema. An zweiter Stelle steht die Person, die über dieses Thema spricht. Analysen, Schlussfolgerungen oder Beispiele können beeindrucken, Menschen können überzeugen – technische Hilfsmittel nicht. Die Grundregel des Medieneinsatzes lautet daher: *Inhalte zuerst*. Zunächst ist zu klären:

- Was will ich sagen?
- Wie strukturiere ich das, was ich sagen will?
- Was stelle ich in den Mittelpunkt?
- Welche Beispiele und Belege ziehe ich heran?

Sind diese Fragen beantwortet, lässt sich sinnvoll über den Einsatz von Medien entscheiden und überlegen, wie man was visualisiert.[36] Nicht vorher! Wer den zweiten Schritt vor dem ersten macht, kommt leicht ins Stolpern – und zeigt eine Folie nach der anderen oder liest vor, was auf den Folien steht (so, als könnten die Zuhörerinnen und Zuhörer nicht lesen). Es geht auch peinlicher – etwa dann, wenn Doktorandin A der Laptop abstürzt, und sie sich nach einem Neustart hek-

---

31 http://commons.wikimedia.org/wiki/Hauptseite
32 http://www.flickr.com/creativecommons
33 http://www.pixelio.de
34 http://de.wikipedia.org/wiki/prezi
35 Johann Wolfgang von Goethe: Gedenkausgabe der Werke, Briefe und Gespräche. Hrsg. Von Ernst Beutler. Zürich und Stuttgart 1948 ff., Bd. 22, S. 501.
36 Bei einer Rede kann es auch darum gehen, sich darüber klar zu werden, was ist meine „Botschaft": Welcher Leitgedanke soll den Zuhörerinnen und Zuhörern in Erinnerung bleiben? Das Thema einer Rede oder eines Vertrags verhält sich zur Botschaft wie der Apfel zum Kern. Ein Beispiel: Ihr Thema sind Untersuchungen, aus denen hervorgeht, dass Kinder ausdauernder und erfolgreicher lernen, wenn sie ihren Körper mit allen seinen Sinnen dabei einsetzen können. Der Kern Ihres Themas: Bewegung macht schlau. Dieser Kern soll – um im Bild zu bleiben – bei den Zuhörerinnen und Zuhörern auf fruchtbaren Boden fallen.

tisch durch ihre vielen Ordner klickt. Darunter: „Mausebär", „Versicherungen" und „Kundalini-Yoga".

Allerorts werden statt strukturierter und pointierter Aussagen unzählige Folien präsentiert. Studierende konzentrieren sich auf die Erstellung einer *Power-Power*-Präsentation und nicht auf das, was warum in welcher Reihenfolge gesagt und mit welchen Argumenten und Beispielen belegt und verdeutlicht werden soll. Das Medium wird häufig zur Message. Deshalb spotten Profis inzwischen: „Haben sie *PowerPoint* oder etwas zu sagen?" Und der Karriere-Coach Martin Wehrle lästert: Mr. PowerPoint „hat mehr Folien als Verstand"; er serviert genau das, was das Publikum befürchtet: „Faktensalat" und „tritt als Vorleser seiner Folien auf."[37]

Die Tatsache, dass ein Vortrag oder Referat ohne *PowerPoint* mitunter als „Nacktvortrag" missverstanden wird, dass die *PowerPoint*-Präsentation in vielen Fachbereichen zwar zum guten Ton gehört, aber die Funktion von Medien und des Visualisierens nicht vermittelt wird, dass mit der technischen Ausstattung nicht die Kompetenz zunimmt, einen Sachverhalt angemessen ins Bild zu setzen – all dies sind keine Argumente gegen das Visualisieren und den Einsatz von Medien. Allerdings machen diese Tatsachen deutlich: Es ist notwendig, sich damit vertraut zu machen, *worauf es* beim Medieneinsatz *ankommt*, und wie man vermeidet, als PPP aufzutreten – als *PowerPoint*-Plagegeist.

Was setzt man ins Bild? Visualisiert wird, was wichtig ist. Ins Bild werden zentrale Aussagen gesetzt. Folien, auf denen das Vortragsthema steht oder gar „Guten Tag" bzw. „Vielen Dank für Ihre Aufmerksamkeit", zeigen: Hier beamt ein Laie. Für die Begrüßung und den Dank braucht das Publikum keine Verstehenshilfe. Und zum Thema eines Vortrags sollte interessant hingeführt werden, statt es einfallslos auf eine Folie zu schreiben. Auch Beispiele und Einzelheiten werden nicht visualisiert. Zahlen mit der dritten Stelle nach dem Komma kommen nicht auf Folien, sondern in ein Handout (siehe Seite 100).

---

37 *Die Zeit* Nr. 8 vom 17. 2. 2011, S. 73. Selbst im Verkaufsgeschäft, für das *PowerPoint* entwickelt wurde, warnten Profis bereits vor einigen Jahren, *PowerPoint* unreflektiert einzusetzen: „Verbieten Sie Powerpoint Präsentationen im Erstgespräch. Ihre Verkäufer wissen noch nichts von Ihrem Kunden. Was sollen sie denn da präsentieren? ... Powerpoint-Präsentationen (lenken) den Kunden nur von der Person ab. Der Verkäufer muss sich selbst einbringen, Vertrauen aufbauen und als authentische Person erkannt werden. Dazu hilft es, ab und zu die Kunst der freien Rede zu üben ... Powerpoint-Präsentationen sind nicht authentisch – sondern autistisch." www.xing.com/net/vertrieb/verkaufs-vertriebs-methoden-58/so-geht-s-www-salesfirst-de-100-mio-ae-bei-21-kunden-und-135-verkaufern-in-2004-336345/ (13. 10. 2011).

Noch einmal Goethe: „In der Beschränkung zeigt sich erst der Meister".[38] Zu viele Bilder führen zur visuellen Übersättigung und provozieren die Frage, ob die Bilder ein Ersatz für treffende Worte sind. Jede Visualisierung soll *Sie* und *Ihre Argumentation* unterstützen – und nicht ersetzen. Visualisieren lässt sich mit dem Einsatz von Zitaten in einem Vortrag oder Referat vergleichen: Mit einer *gelungenen* Visualisierung können Sie – wie mit einem *treffenden* Zitat – Ihre Gedanken unterstützen: anschaulicher oder eindringlicher präsentieren – und damit einem Vortrag oder Referat Glanz verleihen.

Für Fortgeschrittene: Die Tafel

Wer mit der Tafel arbeitet, präsentiert nie schneller als er schreiben kann. Das ist – aus der Sicht der Zuhörenden – ein großes Plus dieses Mediums.

Ein gutes Tafelbild ist eine Kunst, die nur wenige beherrschen. Wenn Sie sich der Herausforderung stellen wollen, Ihr Referat schrittweise an der Tafel „ins Bild zu setzen", sollten Sie bereits zu Hause dieses Bild planen, damit es gelingt. Vermeiden Sie auf jeden Fall, dass Sie längere Zeit damit beschäftigt sind, etwas zu zeichnen oder zu notieren – denn dann haben Sie nur die Wahl zwischen zwei Übeln: Entweder Sie sprechen zur Tafel oder Sie müssen eine längere Schweigephase hinnehmen.

Folgende 7 „Tafel-Regeln" sollten Sie beachten:

1. entweder sprechen oder schreiben bzw. zeichnen;
2. groß und deutlich schreiben;
3. neben die Tafel treten, wenn Sie etwas erläutern;
4. der Zeigestab sollte einige Sekunden auf dem Gezeigten ruhen und nicht zwischen den Fingern hin und her gedreht werden;
5. genügend Zeit zum Abschreiben lassen;
6. die Tafel von oben nach unten putzen und nicht auf eine nasse Tafel schreiben;
7. ein neues Kreidestück in der Mitte durchbrechen, damit die Kreide nicht beim Schreiben abbricht – und daran denken, dass Kreide die Hände färbt: Fahren Sie sich nicht durch die Haare oder über die Kleidung.

---

38 Johann Wolfgang von Goethe: Gedenkausgabe der Werke, Briefe und Gespräche. Hrsg. Von Ernst Beutler. Zürich und Stuttgart 1948 ff., Bd. 3, S. 623.

Die Zukunft gehört der elektronischen Tafel, die mittlerweile in dem einen oder anderen Seminarraum Einzug gehalten hat. Die zwei großen Vorzüge der E-Tafel:

- was an diesen Tafeln entwickelt wurde, kann gespeichert, verteilt und vervielfältigt werden,
- die Präsentation kann interaktiv gestaltet werden.

Mehr über Copy- und Smart-Board unter *www.smartboard.de* und *www.ekreide.de*

Ein großer Vorzug eines Beamers oder Overhead-Projektors besteht darin, dass man während der Präsentation zu den Zuhörerinnen und Zuhörern Blickkontakt halten kann. Diesen Vorzug sollten Sie unbedingt nutzen – und nicht zur Projektionsfläche sprechen. Zeigen Sie alles, was Sie zeigen wollen, auf der Folie – nicht auf dem projizierten Bild. Nutzen Sie dafür den Cursor oder die Fernbedienung bzw. einen dünnen Stift, wenn Sie einem OH-Projektor einsetzen. Worauf ist beim Einsatz von Folien noch zu achten? Auf sieben Punkte:

1. Versperren Sie den Zuhörerinnen und Zuhörern nicht die Sicht auf die Projektionsfläche.
2. Folien sind Mittel der Veranschaulichung – keine Gedächtnisstützen. Schreiben Sie Erläuterungen zur Folie auf ein gesondertes Blatt, damit Sie nicht an der Folie „kleben" müssen. *PowerPoint* hat eine „Notes"-Funktion: Zu jeder Folie kann ein „Notizblatt" mit einer verkleinerten Kopie der Folie angelegt werden, auf dem Sie alle notwendigen Erläuterungen notieren können.
3. Ihr Publikum kann lesen. Lesen Sie deshalb nicht vor, was auf der Folie steht. Der Einsatz von Medien verliert seinen Sinn, wenn viele Folien gezeigt werden und zu jeder Folie immer nur das gesagt wird, was auch auf der Folie steht. Wenn man ausschließlich mit Textfolien arbeitet, sollte man zu jeder Zeile einige erläuternde Sätze beisteuern können – oder auf Folien verzichten.
4. Machen Sie deutliche Sprechpausen beim Folienwechsel. Lassen Sie jede Folie zwei bis drei Sekunden „wirken", bevor Sie auf den Inhalt eingehen.
5. Zeigen Sie eine Folie nur so lange, wie Sie über ihre Inhalte sprechen. Mit dem Kurzbefehl „w" können Sie bei *PowerPoint* die Folie ausblenden. Das ist zum Beispiel dann sinnvoll, wenn Sie auf eine Frage eingehen, die nichts mit dem zu tun hat, was Sie gerade zeigen.

6. Lassen Sie den Zuhörenden genügend Zeit, sich Notizen zu machen.
7. Drucken Sie sich eine Gliederungsübersicht Ihrer *PowerPoint*-Präsentation aus. Dann können Sie problemlos die vorvorletzte Grafik noch einmal zeigen, wenn ein Teilnehmer das wünscht: Sie geben die entsprechende Foliennummer ein und drücken „enter".

Für Fortgeschrittene: Flipchart

Die „Papiertafel" hat gegenüber der klassischen Tafel einige Vorzüge: Die DIN-A-0-Blätter können zu Hause vorbereitet werden. Sie können sich auf jedem Flipchart-Blatt mit dem Bleistift – nur für Sie sichtbare – Notizen machen. Liniertes Papier erleichtert die Seiten-Gestaltung. Einzelne Blätter können an die Wand geheftet werden, so sind bestimmte Informationen ständig präsent.

Bei der Arbeit mit einem Flipchart gilt wie bei der Tafel:

- immer zu den Zuhörerinnen und Zuhörern sprechen,
- aufhören zu sprechen, wenn etwas aufgeschrieben wird,
- neben und nicht vor dem Flipchart stehen.

Blätter, deren Inhalt behandelt ist, werden umschlagen, nicht abgerissen.

5 Handout

Zum Vortragsservice gehört ein *Handout*. Das können Kopien Ihrer Folien sein oder Unterlagen mit den wichtigsten Zahlen und Daten, Definitionen und Begriffen, Namen und Literaturhinweise. Solche Handreichungen

- erleichtern es den Zuhörerinnen und Zuhörern, sich auf das zu konzentrieren, was Sie sagen,
- entlasten vom Mitschreiben und
- geben die Möglichkeit zum Nachlesen.

Es gibt kein Patenrezept, wann ein Handout verteilt werden sollte. Gleich, ob Sie Unterlagen zu Beginn oder am Ende des Vortrags verteilen: Informieren Sie stets zu Beginn des Vortrags, ob, wann und welche Unterlagen Sie ausgeben.

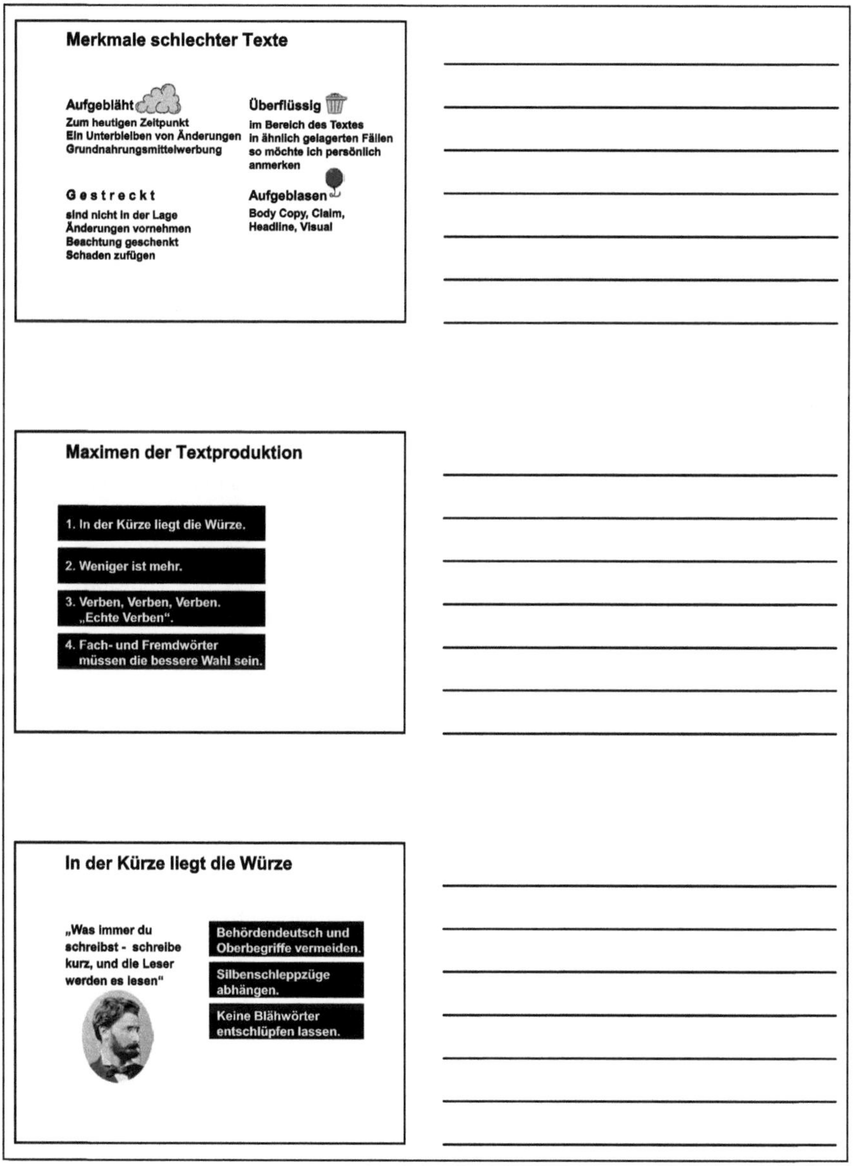

Handout

Merkmale schlechter Texte

Aufgebläht
Zum heutigen Zeitpunkt
Ein Unterbleiben von Änderungen
Grundnahrungsmittelwerbung

Überflüssig
im Bereich des Textes
in ähnlich gelagerten Fällen
so möchte ich persönlich
anmerken

Gestreckt
sind nicht in der Lage
Änderungen vornehmen
Beachtung geschenkt
Schaden zufügen

Aufgeblasen
Body Copy, Claim,
Headline, Visual

Maximen der Textproduktion

1. In der Kürze liegt die Würze.
2. Weniger ist mehr.
3. Verben, Verben, Verben. „Echte Verben".
4. Fach- und Fremdwörter müssen die bessere Wahl sein.

In der Kürze liegt die Würze

„Was immer du schreibst - schreibe kurz, und die Leser werden es lesen"

Behördendeutsch und Oberbegriffe vermeiden.
Silbenschleppzüge abhängen.
Keine Blähwörter entschlüpfen lassen.

Abbildung 24 Mit PowerPoint erstelltes Folien-Handout

Ein Handout sollte

- alle notwendigen Angaben enthalten (wer spricht über was in welchem Zusammenhang),
- kurz, knapp und übersichtlich sein,
- dem Aufbau des Vortrags folgen,
- Raum für Notizen lassen.

Mit *PowerPoint* können Sie problemlos Handouts Ihrer Folien erstellen (Abbildung 24). Wenn Sie diese Möglichkeit nutzen, sollten Sie drei Punkte beachten:

- Seien Sie großzügig. Wählen Sie die Option „3 Folien je Seite", damit Ihren Zuhörerinnen und Zuhörern genügend Platz für Notizen bleibt.
- Wählen Sie die Druck-Optionen „Reines Schwarz-Weiß" und „Folien Rahmen". Handouts, die mit dieser Einstellung gedruckt werden, sehen am besten aus.
- Verzichten Sie (für den Ausdruck) auf einen farbigen Folien-Hintergrund.

Zur Kür gehört eine „Themen-Landkarte", die am Anfang des Handouts steht und einen Überblick über die Themen bzw. die Struktur des Vortrags gibt (Abbildung 25). Sie können eine Themen-Landkarte auch als Mind Map gestalten (vgl. Seite 103).

6 Medieneinsatz: 12 Empfehlungen

1. Alle Zuhörerinnen und Zuhörer müssen von ihrem Platz ohne Kopfverrenkungen gut sehen können.
2. Alle müssen alles gut lesen können: Die Schriftgröße muss stimmen.
3. Alle müssen genügend Zeit haben, das Gezeigte zu lesen und aufzunehmen.
4. Immer Blickkontakt zu den Zuhörerinnen und Zuhörern halten.
5. Mit dem Cursor oder der Fernbedienung bzw. mit einem Zeigestab oder Stift auf die Stelle zeigen, über die Sie sprechen.
6. Das Wichtigste wird am größten dargestellt und steht in der Bildmitte.
7. Bekannte Zeichen und Symbole verwenden.
8. Eine lesbare Schrift wählen.
9. Sparsam mit typografischen Mitteln umgehen.
10. Farben bewusst einsetzen.

11. Sehr zurückhaltend beim Einsatz von „Special Effects" (Animation, Ton) sein.
12. Rechtzeitig am Vortragsort eintreffen, um sich mit der Technik vertraut zu machen.

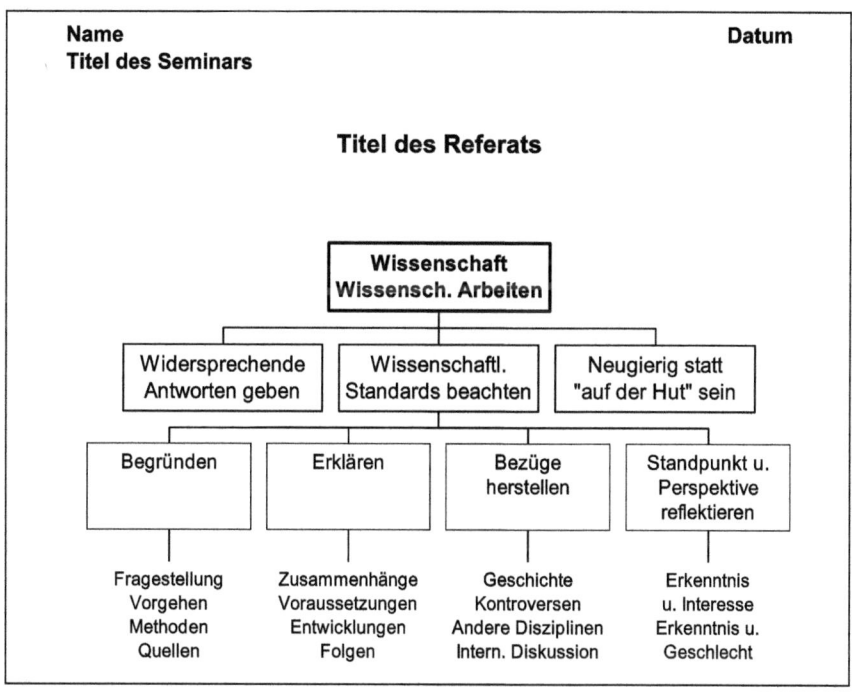

Abbildung 25 Erste Seite eines Handouts mit Themen-Landkarte

Sprechen wie man spricht: Schreiben fürs Reden

Wenn Studierende ein Referat vorbereiten, sind sie oft so intensiv mit der *Erarbeitung* des Themas beschäftigt, dass die *Aufbereitung* für die Zuhörerinnen und Zuhörer zu kurz kommt oder sich in der Gestaltung von Folien erschöpft. Das Ergebnis: Referate, denen die Zuhörerinnen und Zuhörern nur mühsam folgen können.[39] Das hat niemand gerne; die Hochschule ist keine „ganz andere" Welt, deren Bewohnerinnen und Bewohner unverständliche oder langweilige Vorträge mögen.

Viele Referate kommen nicht deshalb schlecht an, weil sich ein Student oder eine Doktorandin auf ein ausformuliertes Manuskript stützt, sondern weil das Manuskript in *Schrift*sprache geschrieben wurde – drastischer: weil die falsche Sprache gewählt wurde: Hören ist etwas anderes als Lesen. Zuhörerinnen und Zuhörer erwarten Hör-Texte. Sie erwarten Referate, deren Regisseurin die Rhetorik ist. Sie verzichten gerne auf Reden, in denen die Grammatik Regie führt, die oberste Instanz der Schriftsprache.

Im zweiten Kapitel habe ich Tipps für die Gestaltung und den Umgang mit Manuskripten gegeben. In diesem Kapitel stehen folgende Fragen im Vordergrund:

- Wie muss ich formulieren, wenn ich einen Text für ein Referat oder einen Vortrag schreibe?
- Was ist notwendig, damit im Manuskript kein Vor*lese*-Text steht, sondern ein *Rede*-Text?
- Wie müssen Texte formuliert werden, die gut *gesprochen* und *verstanden* werden können?

Nur Vortragsprofis gelingen im ersten Entwurf Rede-Texte. Wer nicht jede (zweite oder dritte) Woche ein Referat hält, muss zwei Schritte machen: Zunächst wird zu

---

39 „Nebenwirkung": Man hat etwas gelernt, zum Beispiel über Sozialstrukturen, Chancengleichheit oder Wirkungsforschung. Doch der Lernprozess bleibt unvollständig, weil man sich nicht damit auseinandergesetzt hat, wie man einen Sachverhalt verständlich und anschaulich für ein Referat oder einen Vortrag aufbereitet.

Papier gebracht, *was* gesagt werden soll. Dann geht es um das *Wie*, um das Übersetzen von Schriftsprache in einen Rede-Text. Pflicht bei dieser „Übersetzung" ist Verständlichkeit. Verständlichkeit ist auch ein Gebot der Höflichkeit. Der Philosoph Karl Raimund Popper meinte sehr bestimmt: „Wer's nicht einfach und klar sagen kann, der soll schweigen und weiterarbeiten, bis er's kann."[40]

Zur Kür gehört es, sich um Anschaulichkeit zu bemühen. Glanz können Sie einem Referat oder Vertrag verleihen, wenn Sie die eine oder andere rhetorische Stilfigur verwenden.

1   Verständlich formulieren

Wenn Sie in einer Haus- oder Abschlussarbeit komplizierte Sätze formulieren, kann die Leserin oder der Leser zurückblättern und einen Satz nochmals lesen. Das macht niemand gerne. Deshalb sollten Sie verständlich schreiben.

Bei einem Referat oder Vortrag kann man einen Satz nicht zwei- oder dreimal hören. Deshalb sollten Sie sich besonders um Verständlichkeit bemühen – auch sich selbst zuliebe: Sie erleichtern sich das Reden. Zum einen fällt freies Sprechen entschieden leichter. Zum anderen entstehen keine sprachlichen Brüche, wenn Sie auf Zwischenfragen antworten oder einmal vom Konzept abweichen. Es macht zum Beispiel keinen guten Eindruck, wenn Sie ein sehr „akademisch" klingendes Referat halten und in der anschließenden Diskussion diesen Sprachstil nicht beibehalten können.

Sie erleichtern den Zuhörerinnen und Zuhörern das Verständnis, wenn Sie

1. Sätze nicht überfrachten,
2. kurze Sätze formulieren,
3. Fürwörter vermeiden,
4. Fremdwörter sparsam verwenden,
5. Abkürzungen möglichst vermeiden,
6. mit Zahlen und Statistiken zurückhaltend sind.

1. Eine Kernaussage pro Satz

Ein zentrales Problem vieler Referate ist die Verdichtung von Informationen. Häufig wird zu viel in einen Satz gepackt. Ein Beispiel:

---

40   Karl Raimund Popper: Auf der Suche nach einer besseren Welt. 6. Aufl. München 1991, S. 100.

„Kostenwahrheit bedeutet, dass die Preise im Verkehr die bisher von der Allgemeinheit finanzierten Kosten für den Ausbau der Verkehrswege, insbesondere aber auch die auf ca. 100 Mrd. Euro pro Jahr geschätzten Kosten für Gesundheitsschäden, Naturzerstörung, Umweltverschmutzung sowie die Folgen der Klimaveränderung widerspiegeln."

Solche Sätze sind schwer zu sprechen. Und es ist schwierig, die Hauptaussage zu entdecken. Wer fürs Hören schreibt, sollte Informationen Schritt für Schritt zu Papier bringen. Das heißt für das zitierte Beispiel: aus einem langen drei überschaubare Sätze machen, die Informationsverdichtung auflösen:

Kostenwahrheit bedeutet: Die Preise im Verkehr enthalten die Kosten, die bisher von der Allgemeinheit finanziert werden:
Die Kosten für den Ausbau der Verkehrswege.
Und die Kosten für Gesundheitsschäden, Naturzerstörung, Umweltverschmutzung und die Folgen der Klimaveränderung – Kosten, die auf ca. 100 Mrd. Euro pro Jahr geschätzt werden.

Ein weiteres Beispiel. Zunächst der Satz mit 60 Wörtern, dann die Auflösung der Informationsverdichtung in drei Sätze:

Der *Bund für Umwelt und Naturschutz Deutschland* und sein europäisches Netzwerk *Friends of the Earth Europe* veröffentlichten 2010 in Berlin und Brüssel eine Studie, aus der hervorgeht, dass, anders als von der Lobby der Großindustrie seit Jahren behauptet, weder im Energiesektor noch beim Klimaschutz und auch nicht bei der Minderung von Schadstoffen bahnbrechende Entwicklungen von der Nano-Technologie zu erwarten sind.

Von der Nano-Technologie sind keine bahnbrechenden Entwicklungen zu erwarten – weder im Energiesektor noch beim Klimaschutz oder bei der Minderung von Schadstoffen. Das geht aus einer Studie hervor, die der *Bund für Umwelt und Naturschutz Deutschland* und sein europäisches Netzwerk *Friends of the Earth Europe* 2010 in Berlin und Brüssel veröffentlichten. Die Lobby der Großindustrie verspricht seit Jahren einen großen Nutzen von der Nano-Technologie.

2. Kurze Sätze

Sätze mit mehr als 25 Wörtern sind schwer verständlich. Diese Feststellung gilt für gedruckte Texte. Umso mehr sollten Sie sich bei Vorträgen vor Satzmonstern hüten. Vermeiden Sie Bandwurm- und Schachtelsätze (ich komme auf der Seite 119 darauf zurück). Nur wer sich nicht mitteilen will, sollte sich an Tucholskys *Ratschläge für einen schlechten Redner* halten:

> „Sprich mit langen, langen Sätzen – solchen, bei denen du, der du dich zu Hause, wo du ja die Ruhe, deren du so benötigst, deiner Kinder ungeachtet, vorbereitest, genau weißt, wie das Ende ist, die Nebensätze schön ineinandergeschachtelt, so daß der Hörer ungeduldig auf seinem Sitz hin und her träumend, sich in einem Kolleg wähnend, in dem er früher so gern geschlummert hat, auf das Ende solcher Perioden wartet ...
> Du mußt alles in die Nebensätze legen. Sag nie: ‚Die Steuern sind zu hoch.' Das ist zu einfach. Sag: ‚Ich möchte zu dem, was ich soeben gesagt habe, noch kurz bemerken, daß mir die Steuern bei weitem ...' So heißt das!"[41]

Unterstützen Sie Ihre Argumentation syntaktisch. Verstecken Sie die Hauptaussage nicht nach folgendem Muster im Nebensatz:

> „Neue Steuerungsmodelle, übergreifende Managementansätze, effizienzsteigernde Organisationsprozesse sind Themen, mit denen sich öffentliche Verwaltungen angesichts des Kostendrucks und der erforderlichen Haushaltssanierungen zunehmend beschäftigen."

Der Hauptsatz lautet: „Neue Steuerungsmodelle ... sind Themen". Was ist wirklich wichtig? Dass sich die öffentlichen Verwaltungen mit neuen Steuerungsmodellen beschäftigen. Warum tun sie das? Weil sie unter Druck stehen.

Ihre Aussagen werden verständlicher und prägnanter, wenn Sie Ihre Gedanken durch den Satzbau stützen. Der Ort für die Hauptaussage ist, wie der Name sagt, der Hauptsatz, an den sich die Begründung im Nebensatz anschließt:

> Öffentliche Verwaltungen beschäftigen sich zunehmend mit neuen Steuerungsmodellen, übergreifenden Managementansätzen und effizienzsteigernden Or-

---

41 Kurt Tucholsky: Gesammelte Werke. Bd. 8. Hrsg. Von Mary Gerold-Tucholsky und Fritz J. Raddatz. Reinbek 1993, S. 291.

ganisationsprozessen [Aussage], weil der Kostendruck gestiegen ist und die Haushalte saniert werden müssen. [Begründung]

Besser sind zwei Sätze, die durch eine orientierende Frage verbunden werden:

Öffentliche Verwaltungen beschäftigen sich zunehmend

- mit neuen Steuerungsmodellen,
- mit übergreifenden Managementansätzen und
- mit effizienzsteigernden Organisationsprozessen. [Aussage]

Warum tun sie das? [Orientierung auf Begründung] Aus zwei Gründen:

1. weil der Kostendruck gestiegen ist und
2. weil die Haushalte saniert werden müssen.

Die Wiederholung von *mit* bzw. *weil* erleichtert es, die Aufzählung bzw. Begründung deutlich hervorzuheben.

3. Fürwörter vermeiden

„Wer seinen Hund liebt, muss nicht auch seine Flöhe lieben", sagte Heiner Geißler einmal in einem *Zeit*-Interview. Wessen Flöhe meinte der CDU-Politiker? Die eigenen? Oder die des Hundes? Wenn Herr Geißler die Flöhe des Hundes meinte, wäre korrekt gewesen: „Wer seinen Hund liebt, muss nicht auch *dessen* Flöhe lieben."

Viele tun sich schwer mit *seine* und *dessen, dieser* und *jene,* mit Personal- und anderen Pronomen – beim Schreiben, Reden und beim Lesen: „Von Drogen abhängige Menschen halten sich meist dort auf, wo *sie* gespritzt oder geraucht werden." Wer wird gespritzt? Die Menschen oder die Drogen?

Fürwörter führen leicht zu Rätseln. Vorträge sollten informativ sein – nicht rätselhaft.

In der Schule haben wir gelernt: Wer Wörter wiederholt, hat einen „schlechten Stil". Das ist richtig, denn wir langweilen uns, wenn wir zum Beispiel dreimal hintereinander *machen* oder *schön* hören. Bei Verben und Adjektiven sollte man sich, wie es in der Schule hieß, um einen „Wechsel im Ausdruck" bemühen. (Am Rande bemerkt: *machen* und *schön* sind nichts sagend. Wenn ich Hausarbeit *mache,* dann backe, koche, putze, bügle ich. Und ich wünsche mir keinen *schönen*

Urlaub, sondern einen aufregenden, abwechslungsreichen oder entspannenden und erholsamen.)

Die Empfehlung aus dem Deutschunterricht gilt für Substantive und Personen nur eingeschränkt. Im Johannes-Evangelium heißt es: „Im Anfang war das Wort, und das Wort war bei Gott, und Gott war das Wort." Dreimal *Wort* und zweimal *Gott* in einem Satz. Jeder Deutschlehrer würde den Rotstift zücken. Doch dieser Satz ist verständlich und eindringlich. Das lässt sich über die folgende „Übersetzung" nicht sagen: „Am Anfang war das Wort. Es befand sich bei Gott, und letzterer war identisch mit ersterem."

Letzterer und *Ersterem* ist Schriftsprache – steif und schwer verständlich, weil gerätselt werden muss, für wen oder was ein Pronomen steht. Deshalb: Wer seinen Hund liebt, muss nicht auch die Flöhe seines Hundes lieben" – mehr Verständlichkeit, weniger Fürwörter.

4. Fach- und Fremdwörter sparsam verwenden

In den Sozial- und Geisteswissenschaften hält sich, seit große Theorien und gesellschafts- oder kulturpolitisch relevante Interventionen selten geworden sind, die „Neigung, Selbstverständlichkeiten mit einem Schwall von unverständlichen Begriffen im Rahmen unüberschaubar verwinkelter Sätze aufzublasen."[42]

Diese Attitüde sollten Sie nicht nachahmen. Nachahmung ist ein frühkindliches Lernverhalten. Folgen Sie vielmehr bei der Verwendung von Fach- und Fremdwörtern der Maxime, so viel wie nötig, so wenig wie möglich. Erläutern Sie Fachbegriffe, die Sie nicht als bekannt voraussetzen können.

5. Die Zuhörenden nicht mit Abkürzungen ärgern

Enthält ein Referat oder Vortrag viele Abkürzungen, ist es für die Zuhörerinnen und Zuhörer schwer zu folgen; zumal dann, wenn die Abkürzungen für sie neu sind und sie behalten müssen, wofür WTO, UNEP oder UNCTAD steht. Verwenden Sie eine Abkürzung, muss sie eingeführt werden: *Das Antidiskriminierungsgesetz, kurz ADG.* Sind Fachbegriffe wahre Zungenbrecher oder sehr lang – zum

---

42 Michael Stitzel: Zur Kunst des wissenschaftlichen Schreibens – bitte mehr Leben und eine Prise Belletristik! In: Wolf-Dieter Narr, Joachim Stary (Hrsg.): Lust und Last des wissenschaftlichen Schreibens. Frankfurt/Main 1999, S. 145. S. a.: Serge Debrebant: Wie die Uni uns versaut. In: *Zeit Campus* März/April 2009, S. 28.

Beispiel Pronominalisierungstransformation oder Aufmerksamkeits-Defizit-Syndrom –, wird niemand etwas gegen eingeführte Abkürzungen einwenden.

6. Mit Zahlen und Statistiken zurückhaltend sein

Zahlen und Statistiken sind ohne schriftliche Vorlage schwer zu verstehen und zu behalten. Das folgende Zahlenwerk ist für einen gesprochenen Text auf jeden Fall viel zu viel:

> Die Rundfunkunternehmen in Deutschland erwirtschafteten 2000 Erträge von 14,5 Mrd. Euro. Das ist gegenüber 1999 ein Plus von 6,7 Prozent bzw. 0.9 Mrd. Euro.
> Die Erträge der öffentlich-rechtlichen Sender beliefen sich auf 7,4 Mrd. Euro. Das ist ein leichter Rückgang von knapp 0,2 Mrd. Euro bzw. 2,6 Prozent. 79 Prozent der Erträge sind Rundfunkgebühren.
> Die privaten Hörfunk- und TV-Veranstalter erzielten Nettoerträge von rund 7,1 Mrd. Euro. Das ist ein Plus von 1,1 Mrd. Euro bzw. 19 Prozent gegenüber 1999. Von den 1,1 Mrd. Euro entfallen 0,36 Mrd. Euro auf das Fernsehen und 0,77 Mrd. Euro auf den Rundfunk.
> Mit einem Anteil von 80 Prozent entfällt der Hauptteil der Erträge der privaten Sender auf Werbeumsätze einschließlich Sponsoring und Teleshopping.

Bei einem solchen Zahlenwust schalten die Zuhörerinnen und Zuhörer ab. Ohne Folie oder eine andere optische Unterstützung ist diese Zahlenfülle nicht aufzunehmen. Doch auch eine Folie entbindet nicht von der Pflicht, die Zahlen zu ordnen und zu gewichten. Zum Beispiel so:

> Die Rundfunkunternehmen in Deutschland nahmen im Jahr 2000 14,5 Mrd. Euro ein.
> Davon entfielen auf die öffentlich-rechtlichen Sender 7,4 Mrd. und auf die privaten Hörfunk- und TV-Sender 7,1 Mrd. Euro.
> Während die Privatsender gegenüber 1999 ein Plus von 1,1 Mrd. Euro erzielten, mussten die öffentlich-rechtlichen Sender einen Einnahmeverlust von knapp 0,2 Mrd. Euro hinnehmen.
> In Prozenten ausgedrückt: Die Privaten hatten ein Zuwachs von 19 Prozent, die Öffentlich-Rechtlichen einen Einnahme-Rückgang von 2,6 Prozent.
> Die Einnahme-*Quellen* sind sehr unterschiedlich.

Während bei den Privatsendern 80 Prozent der Einnahmen aus *Werbung* stammen, machen bei den öffentlich-rechtlichen Sendern *Gebühren* mit 79 Prozent den Löwenanteil der Einnahmen aus.

Rundfunk und TV-Einnahmen

Sender	2000	Veränderungen gegenüber 1999	Haupt-Einnahmequelle
Öffentlich-rechtliche	7,4 Mrd. €	− 0,2 Mrd. € − 2,6 %	Gebühren 79 %
Private	7,1 Mrd. €	+ 1,1 Mrd. € + 19 %	Werbung 80 %
Gesamt	14,5 Mrd. €	+ 0,9 Mrd. € + 6,7 %	

Abbildung 26 Zahlen präsentieren

Zahlen sind nicht immer selbstredend: Ist zum Beispiel eine Steigerung des Wirtschaftswachstums um 2 Prozent ausreichend? Ist eine Erhöhung der Lebenshaltungskosten um 1,2 Prozent Anlass zur Sorge und ein Rückgang der Arbeitslosenquote um 0,4 Prozent ein Hoffnungssignal? Das wollen die Zuhörerinnen und Zuhörer wissen. Deshalb sollten Zahlen bewertet werden: „Der Rückgang der Arbeitslosenquote um 0,4 Prozent ist ..."

Viele Menschen können sich unter einem Hektar oder einer Milliarde nichts vorstellen. Deshalb sollten Zahlen plastisch gemacht werden: „Täglich werden in Deutschland XYZ qm Natur versiegelt. Das entspricht der Fläche von ABC Fußballplätzen."

In den Naturwissenschaften kommt es meist noch auf die zweite und dritte Stelle hinter dem Komma an. In den Sozialwissenschaften kann man in der Regel in Referaten und Vorträgen mit Komma-Angaben großzügiger sein: „Ein Drittel der Produktion wird in die USA verkauft" (statt 33,85 Prozent).

Um Zahlen griffig zu machen, darf – maßvoll – auf- oder abgerundet werden: „Die SPD hat im letzten Jahr zehntausend Mitglieder verloren" (statt 10 211).

Wollen die Zuhörerinnen und Zuhörer es wirklich genau wissen, nennt man zunächst eine runde Zahl und dann den exakten Wert: „Die SPD hat letzten Jahr zehntausend Mitglieder verloren – um genau zu sein: 10 211."

2 Anschaulich formulieren

„Die Leute sind doch nicht in deinen Vortrag gekommen, um lebendiges Leben zu hören, sondern das, was sie auch in den Büchern nachschlagen können".[43]

Durch anschauliche Formulierungen, durch Beispiele, Bezüge zu aktuellen Ereignissen, rhetorische Fragen und durch den Einsatz von Medien können Sie „Leben" in Ihren Vortrag bringen.

Anschauliche Formulierungen

Wenn sich in der städtischen Grünanlage die Flora aufgrund ergiebiger Niederschläge positiv entwickelt, dann haben wir was? Einen scheußlichen Satz, das Gegenteil von anschaulich. Wenn nach einem Dauerregen im Stadtpark alles blüht, dann freuen Sie sich über die Natur und die anschauliche Formulierung.

Diese zwei Varianten derselben Sache zeigen: Sie können mit einfachen Worten einen Sachverhalt treffend beschreiben. Und Sie können mit schwergängigen, aufgeblasenen und leblosen Wörtern das Gegenteil erreichen.

Sie können sagen:

„Die Unterschiede zwischen Individuen lassen sich auf zwei Ursachenkomplexe zurückführen, auf Unterschiede der ererbten Anlage und auf umweltbedingte Unterschiede. Die Abschätzung der relativen Bedeutsamkeit dieser beiden Komplexe ist von großem praktischen Interesse, da z. B. erzieherische, heilpädagogische und psychotherapeutische Arbeit in erster Linie dann Erfolg verspricht, wenn sie sich auf nicht in starrer Weise durch Erbfaktoren festgelegte Eigenheiten des Verhaltens richtet."

Und Sie können sagen:

„Worauf sind die Unterschiede zwischen den Menschen zurückzuführen? Auf die Vererbung oder auf Umwelteinflüsse? Diese Frage ist von großer Bedeutung für die Praxis: Erziehung, Heilpädagogik und Psychotherapie können nur

---

43 Kurt Tucholsky: Gesammelte Werke. Bd. 8. Hrsg. Von Mary Gerold-Tucholsky und Fritz J. Raddatz. Reinbek 1993, S. 291

dann erfolgreich sein, wenn das menschliche Verhalten nicht durch Erbfaktoren festgelegt ist."[44]

Halten Sie es mit Schopenhauer: „Man brauche gewöhnliche Worte und sage ungewöhnliche Dinge." Meist sind „gewöhnliche" Worte anschaulicher. Anschaulicher als *Grundnahrungsmittel* ist *Brot* und *Butter*. Grundnahrungsmittel ist ein Oberbegriff. Solche Begriffe machen Referate und Vorträge steif. Sagen Sie deshalb:

- Bus und Bahn – statt *öffentliche Verkehrsmittel,*
- Sonnen- und Windenergie – statt *regenerative Energien,*
- Regen und Schnee – statt *Niederschläge,*
- Bäume (oder Tannen und Fichten) – statt *Baumbestand,*
- Arme und Beine – statt *Gliedmaße,*
- Heroin, Kokain, Alkohol und Zigaretten – statt *Suchtmittel,*

Wer Sonnen- und Windenergie sagt, trifft eine Auswahl (Wasser zum Beispiel fehlt). Bei einer Pfändung, einem Unfall oder bei einer Inventur muss alles penibel aufgeführt werden. Doch immer dann, wenn es nicht um Vollständigkeit geht und begriffliche Präzision nicht zwingend ist, gewinnt ein Referat durch kurze und anschauliche – weil konkrete – Wörter. Alle hören lieber *Ei* als „befruchtete oder unbefruchtete weibliche Keimzelle bei Tier oder Mensch".

Die Wissenschaftlichkeit, die Originalität eines Referats zum Beispiel über regenerative Energien macht sich nicht daran fest, dass stets der Oberbegriff benutzt wird oder alle regenerative Energien genannt werden. Es kommt vielmehr darauf an, einen kompetenten Überblick über die Entwicklung der Diskussion über Energiepolitik zu geben oder die nationalen Unterschiede bei der Förderung regenerativer Energien präzise zu beschreiben oder eine begründete Prognose über deren Entwicklung in Europa abzugeben. Oder ...

Fragen

Fragen stellen eine Beziehung zu den Zuhörerinnen und Zuhörern her. Sie erhöhen die Aufmerksamkeit und erleichtern das Verständnis. Leiten Sie deshalb ab und zu Erläuterungen mit einer Frage ein. Statt:

---

[44] Beide Varianten sind entnommen aus Norbert Franck: Fit fürs Studium. München 10. Aufl. 2011, S. 139.

- Die Finanzpolitik der rot-grünen Regierung scheiterte aus drei Gründen.
- Die Grenzen der Steuerung marktwirtschaftlicher Systeme liegen ...

Fragen:

- Aus welchen Gründen scheiterte die Finanzpolitik der rot-grünen Regierung?
- Wo liegen die Grenzen der Steuerung marktwirtschaftlicher Systeme?

Wenn Sie eine Frage stellen, dann sollten Sie Ihren Zuhörerinnen und Zuhörern (drei bis vier Sekunden) Zeit zum Nachdenken geben.
 Ihre Frage kann eine echte oder eine rhetorische sein. Wenn Sie von Ihren Zuhörerinnen und Zuhörern eine Antwort erwarten, sollten Sie das durch eine direkte Ansprache deutlich machen: „*Was meinen Sie*: Welche Nachteile haben E-Mails gegenüber Briefen?" Wollen Sie selbst antworten, lautet die rhetorische Frage: „Welche Nachteile haben E-Mails gegenüber Briefen?"
 Vermeiden Sie Wissens-Fragen, die an die Schule erinnern (Wie hieß der erste sozialdemokratische Bundeskanzler?).Verzichten Sie auf geschlossene Fragen, die nur mit „Ja" oder „Nein" beantwortet werden können (Kennen Sie, meine Damen und Herren, den Autor jenes Romans, der ...).

Beispiele

Konkrete und *verständliche* Beispiele, die einen erkennbaren Bezug zum Thema haben, mag jedes Publikum. Beispiele aus der Praxis oder dem Alltag sind besonders beliebt. Beispiele sind allerdings – wie Medikamente – nur in der richtigen Dosierung hilfreich.

Vergleiche

Mit Vergleichen können Sie Ihre Rede mit einer Brise Ironie oder einem Schuss Polemik würzen:

- Außenpolitik hat mit Moral so viel zu tun wie Dieter Bohlen mit Bildung.
- „Eine gute Rede ist wie ein Bikini – knapp genug, um spannend zu sein, aber alle wesentlichen Stellen abdeckend."[45]

---

45   John F. Kennedy. Zit. in: *politik & kommunikation*. April 2011, S. 45.

- Viele Wissenschaftler sind wie fahrende Ritter, die im Mittelalter von Turnier zu Turnier reisten, um ihren Ruhm zu mehren. Heute ziehen Wissenschaftler von Kongress zu Kongress, um sich mit ihren wissenschaftlichen Gegnern zu messen.[46]

Mit Vergleichen können Sie durch einen Perspektivenwechsel einen Sachverhalt verdeutlichen – zum Beispiel die Tatsache, dass es in vielen Zusammenhängen auf Qualität ankommt und nicht auf Quantität: „Mit einem Tropfen Honig fängt man mehr Fliegen als mit einem Fass Essig" (italienisches Sprichwort).

Vergleiche können hinken oder schief gehen (und Politiker die Karriere kosten), aber auch viel Kreativität freisetzen. Damit sie ihre Funktion erfüllen, müssen sie konkret und verständlich sein. Viele Menschen können zum Beispiel mit Vergleichen zum Fußball oder einer anderen Sportart nichts anfangen.

Analogien

Mit Analogien können Sie die Zuhörerinnen und Zuhörer überraschen. Analogien können die Wirkung einer Aussage verstärken, einen Sachverhalt veranschaulichen. Durch Analogien können Zahlen, deren Größe unseren Erfahrungshorizont überschreitet, und schwer überschaubare Zeiträume vorstellbar gemacht werden:

- Wenn wir das Alter der Erde mit einer Woche gleichsetzen, dann wäre das Universum etwa zwei bis drei Wochen alt. Der Mensch wäre während der letzten zehn Sekunden aufgetreten, und Schulen im modernen Sinne gäbe es noch keine Sekunde lang.

Viele Vorträge kommen nicht deshalb schlecht an, weil sich die Rednerin bzw. der Redner auf ein ausformuliertes Manuskript stützt. Viele Reden werden vielmehr deshalb als Zumutung empfunden, weil sie leblos wirken. Leblos wirken sie, weil sie auf Schriftsprache beruhen.

Vielleicht gefällt Ihnen zweimal „Viele Vorträge" am Satzanfang nicht. Vielleicht mögen Sie die Wiederholung von „leblos wirken" nicht. Was Ihnen im geschriebenen Text als pure Wiederholung missfallen mag, empfehle ich Ihnen für Vorträge und Reden: die *Anapher* und die *Kontakt-Stellung* (vgl. S. 123 f.). Mit diesen rhetorischen Mitteln können Sie die Bedeutung einer Aussage wirkungsvoll

---

46 David Lodge: Kleine Welt. Zürich 1996.

unterstreichen. Allgemeiner formuliert: Derselbe Satz hat nicht immer die gleiche Wirkung. Wie können Sie eine positive Wirkung erreichen?

3 Vom Lese-Text zum Hör-Text

Nur Profis gelingen im ersten Entwurf Hör-Texte. Diese Fähigkeit ist Ergebnis jahrelanger, kontinuierlicher Übung. Wenn Sie nicht jede Woche ein Referat halten, sollten Sie sich nicht dem Anspruch belasten, schon der erste Entwurf müsste rund sein. Schreiben Sie auf, was Sie sagen wollen – und machen Sie sich dann an das „Übersetzen" von der Schriftsprache in gesprochene Sprache. Ich zeige am Beispiel eines Satz-Ungetüms der Schriftsprache, wie Sie dabei Schritt für Schritt zu einer guten Vorlage kommen.

Zunächst das Satz-Ungetüm:

> Da das Begreifen von Zusammenhängen optimal nur durch tätiges Erproben gewonnen wird, unser Alltag jedoch immer weniger Anlässe gibt, praktische Erfahrungen zu machen, müssen wir in der pädagogischen Arbeit bewusst entwickelte Gelegenheiten zur Förderung, Entfaltung und Differenzierung sinnlicher Aktivitäten bieten.

Wer so schreibt, mutet Leserinnen und Lesern einiges zu. Wer solche Sätze im Redemanuskript stehen hat, mutet Zuhörerinnen und Zuhörer viel zu – und macht sich das Vortragen schwer. Diese Formulierungen sind umständlich und leblos. In diese Sätze bekommen Sie keine Betonung. Diese Formulierungen lassen sich nicht mit Nachdruck vortragen. Deshalb müssen diese Sätze umgebaut und abgespeckt werden.

Umbauphase 1: Ein klarer Textaufbau.

1. Worum geht es? Hauptaussage: In der pädagogischen Arbeit sinnliche Aktivitäten fördern und entfalten.
2. Warum ist das wichtig? Allgemeine Begründung: Zusammenhänge werden optimal nur durch tätiges Erproben begriffen.
3. Was steht dem entgegen? Besondere Umstände: Der Alltag bietet immer weniger Möglichkeiten, praktische Erfahrungen zu machen.

Das Ergebnis: Wir müssen in der pädagogischen Arbeit bewusst entwickelte Gelegenheiten zur Förderung, Entfaltung und Differenzierung sinnlicher Aktivitäten bieten, denn das Begreifen von Zusammenhängen wird optimal nur durch tätiges Erproben gewonnen. In unserem Alltag jedoch gibt es immer weniger Anlässe, praktische Erfahrungen zu machen.

Umbauphase 2: Abschied vom Fachjargon

Ein klarer Satzbau hilft nicht viel weiter, weil das verquaste Pädagogen-Deutsch leblos ist und eine konkrete Vorstellung davon erschwert, worum es geht:

- *bewusst entwickelte* Gelegenheiten – können Gelegenheiten *unbewusst entwickelt* werden?
- *sinnliche* Aktivitäten – gibt es *unsinnliche* Aktivitäten?
- *tätiges* Erproben – ist *ausprobieren* etwas anderes, kann man *untätig* erproben?
- *Begreifen* von Zusammenhängen *wird gewonnen* – wie geht das?

Das Endergebnis:

Wir müssen Kindern ermöglichen, mit allen Sinnen zu lernen, denn Zusammenhänge können sie nur durch den praktischen Umgang mit ihrer Umwelt wirklich begreifen. In unserem Alltag gibt es jedoch immer weniger Möglichkeiten, praktische Erfahrungen zu machen.

Ich verallgemeinere meine Anmerkungen und Überarbeitungen:

1. Überflüssiges streichen,
2. Schachtel- und Bandwurmsätze vermeiden.

1. Überflüssiges streichen

Wenn Sie einen runden Tisch beschreiben wollen, können Sie schreiben: „Der Tisch ist rund." Sie können, spottet Tucholsky über Menschen, die imponieren

wollen, diesen Sachverhalt auch so formulieren: „Rein möbeltechnisch hat der Tisch ... eine kreisrunde Gestalt."[47]
Der erste Satz ist präzise. Das ist entscheidend. Und er ist schlicht. Das ist angemessen. Geben Sie deshalb nicht „*rein* rechnerisch" zu bedenken, fragen sie nicht „*rein* betriebswirtschaftlich". Lassen Sie *rein* einfach sein. Beschwören Sie nicht, wie Ex-Finanzminister Waigel, die „*emotionalen* Gefühle der Deutschen" und streichen Sie aus ihrem Manuskript *gemacht* vor Erfahrungen (oder *Aussagen*), *erzielt* vor Ergebnissen und *aufgetreten* von Störungen. Machen Sie aus einem Thema keine The*matik*, aus Themen keine Themen*komplexe* und aus der Technik keine *Technologie*. Überflüssig sind häufig auch die Wörtchen *aber* und *auch*.

Wissenschaft zeichnet sich unter anderem dadurch aus, dass Prozesse oder Sachverhalte auf den *Begriff* gebracht werden. Dazu ist es auch notwendig, alltägliche Phänomene anders als in der Alltagssprache zu formulieren. Präzision der Begriffe ist jedoch nicht identisch mit einem Fachjargon, der mit Blähwörtern imponieren soll.

2. Schachtel- und Bandwurmsätze vermeiden

Es ist unhöflich, andere Menschen zu unterbrechen. Und es ist unfreundlich gegenüber Zuhörerinnen und Zuhörern, Aussagen durch mehrere Nebensätze zu unterbrechen. Solche Unterbrechungen machen es schwer, einer Rede oder einem Vortrag zu folgen. Vermeiden Sie deshalb Schachtelsätze. Dazu haben Sie vier Möglichkeiten:

Nebensätze anhängen
Reden Sie nicht verschachtelt (aus dem Vortragsmanuskript eines Politikstudenten): „Gorbatschows Politik der Koexistenz und Abrüstung wurde von Generalinspekteur Wellershoff als Phase, die – ich zitiere – ‚zur Schwächung des Gegners genutzt werden soll', bezeichnet."
Stellen Sie die Nebensätze hinter den Hauptsatz: Generalinspekteur Wellershoff bezeichnete Gorbatschows Politik der Koexistenz und Abrüstung als Phase, die – ich zitiere – „zur Schwächung des Gegners genutzt werden soll."

---

[47] Kurt Tucholsky: Gesammelte Werke. Bd. 7. Hrsg. Von Mary Gerold-Tucholsky und Fritz J. Raddatz. Reinbek 1993, S. 275

Einen (Doppel-)Punkt setzen
Es ehrt Sie, wenn Sie mehr als einen Gedanken haben. Präsentieren Sie Ihren Gedankenreichtum angemessen – und nicht alle Gedanken in einem Satz. Ein Beispiel:

„Die Vermutung, dass der Körper des Menschen nicht nur seine äußere Hülle ist, sondern dass sich in ihm Elemente des Inneren widerspiegeln, spornt schon seit Jahrhunderten den Forschungsdrang von Wissenschaftlern (oder vermeintlichen Wissenschaftlern) an."

Die Alternative: statt 34 Wörter in einem Satz 30 Wörter in drei Sätzen:

Der Körper ist nicht nur die äußere Hülle des Menschen. Vielmehr spiegeln sich im Körper Elemente des Inneren. Diese Vermutung spornt seit Jahrhunderten den Forschungsdrang von Wissenschaftlern (oder vermeintlichen Wissenschaftlern) an."

Satzaussage dicht beim Satzgegenstand
Mark Twain bemerkte einmal: „Wenn der deutsche Schriftsteller in einen Satz taucht, dann hat man ihn die längste Zeit gesehen, bis er auf der anderen Seite seines Ozeans wieder auftaucht mit seinem Verbum im Mund."[48]
Nicht nur deutsche Literaten stellen die Satzaussage gerne an das Satzende. Ein Beispiel aus dem bereits zitierten Manuskript: „Von der SPD wurde Generalinspekteur Wellershoff, der seine Thesen in einem ‚Leitfaden' zur politische Bildung in der Bundeswehr veröffentlicht hatte, heftig kritisiert."

Die SPD und die Satzaussage gehören zusammen: *Die SPD kritisierte* die Thesen von Wellershoff heftig, die der Generalinspekteur in einem „Leitfaden" zur politische Bildung in der Bundeswehr veröffentlicht hatte.

Streckverben vermeiden, zusammengesetzte Verben zusammen lassen
Streckverben, der exakte Begriff ist Funktionsverben, laden zu Schachtelsätzen ein. Ein Beispiel

Herr Blum *macht*, das ist zum einen Ausdruck seiner langjährigen Erfahrung in vielen mittelständischen Unternehmen und zum anderen seines Verständnisses von moderner Personalführung, allen Beschäftigten, sowohl den Arbeiterinnen

---

48 Zitiert auf „Wunderland Deutsch": www.wunderland-deutsch.com/?tag=/geschichte (12.10.2011).

und Arbeitern als auch den Angestellten und den freien Mitarbeiterinnen und Mitarbeitern, regelmäßig *Mitteilung* über die Firmenentwicklung.

Nach 38 Worten erfahren wir, was Herr Blum *macht*. In der Zwischenzeit darf gerätselt werden: Macht Herr Blum

- Unsinn?
- als letzter das Licht aus?
- ein Fass auf?
- sich ein schönes Leben?

Der zweite Teil des Streckverbs steht am Satzende. Die Zuhörerinnen und Zuhörer müssen sich bei solchen Sätzen sehr anstrengen, um die Satzaussage *(Mitteilung machen)* zu verstehen. Diese Zumutung muss nicht sein. Deshalb:

- ermöglichen statt *Gelegenheit bieten,*
- können statt *in der Lage sein,*
- beachten statt *Beachtung schenken,*
- prüfen statt *einer Prüfung unterziehen.*

Zusammengesetzte Verben zusammen lassen: „Ich schlage vor eine kleine Pause", sagen Südeuropäer, deren Deutsch noch nicht perfekt ist. „Ich *schlage,* sofern es keine Einwände gibt und wir uns wirklich auf fünf Minuten beschränken können, eine kleine Pause *vor*" – können wir im Deutschen sagen. Die Möglichkeit, zusammengesetzte Verben zu trennen, haben zum Beispiel Italienerinnen und Italiener nicht. Deshalb sagt kein italienischer Wissenschaftler:

„Im Rahmen unserer Einzelhandelsuntersuchung *wurden* zum Beispiel neben konkreten Handlungsempfehlungen für den Einzelhandel insbesondere auch übergreifende Maßnahmen zur Förderung der Gesamtattraktivität des Landkreises *empfohlen* – unter anderem in den Bereichen städtebauliche Attraktivität, Erreichbarkeit und Angebotsvielfalt."

Nach 18 Wörtern erfahren wir, was „im Rahmen der Einzelhandelsuntersuchung *wurde*". Bis das erlösende *empfohlen* kommt, dürfen wir rätseln (zum Beispiel, ob viel Unsinn gemacht wurde). Der Satz ist kein Schachtelsatz – aber nichts ist unmöglich. Die Trennung von *wurden* und *empfohlen* lädt zum Schachteln ein. Ich konstruiere ein Beispiel:

Im Rahmen unserer Einzelhandelsuntersuchung *wurden*, das war eine Verabredung zwischen der Hochschule und der Kreisverwaltung, die deshalb umstritten war, weil die Interessenvertretung der Architekten, die ihre Interessen beeinträchtigt sahen, in der Kreisverwaltung einflussreiche Fürsprecher hatte, zum Beispiel neben konkreten Handlungsempfehlungen für den Einzelhandel insbesondere auch übergreifende Maßnahmen zur Förderung der Gesamtattraktivität des Landkreises *empfohlen* ...

Schon haben wir 48 Wörter zwischen *wurde* und *empfohlen*. Sprechen Sie deshalb so, wie ein Unternehmensberater aus Italien reden würde:

In unserer Einzelhandelsuntersuchung geben wir konkrete Handlungsempfehlungen für den Einzelhandel und schlagen übergreifende Maßnahmen vor zur Förderung der Gesamtattraktivität des Landkreises – unter anderem in den Bereichen städtebauliche Attraktivität, Erreichbarkeit und Angebotsvielfalt.

Um genau zu sein: Der Italiener würde weder *Einzelhandelsuntersuchung* noch *Handlungsempfehlungen* oder *Gesamtattraktivität* sagen, sondern:

In unserer Untersuchung über den Einzelhandel geben wir zum einen konkrete Empfehlungen, was der Einzelhandel tun kann. Zum anderen machen wir Vorschläge, wie der gesamte Landkreis attraktiver werden kann.

Bella Italia!

Verben, die sich nicht zerlegen lassen, beugen der Trennung von Satzgegenstand und Satzaussage vor – und damit auch Schachtelsätzen:

- informieren statt mitteilen (teilte mit)
- beteiligen statt teilnehmen (nahm teil)
- können statt möglich sein[49]

---

49 Mark Twain spottete über „trennbare Verben": „Die deutsche Grammatik ist übersät von trennbaren Verben wie von den Blasen eines Ausschlags; und je weiter die zwei Teile auseinandergezogen sind, desto zufriedener ist der Urheber des Verbrechens mit seinem Werk. Ein beliebtes Verb ist ‚reiste ab' ...: ‚Da die Koffer nun bereit waren, REISTE er, nachdem er seine Mutter und Schwestern geküßt und noch einmal sein angebetetes Gretchen an den Busen gedrückt hatte, die, in schlichten weißen Musselin gekleidet, mit einer einzigen Teerose in den weiten Wellen ihre üppigen braunen Haares, kraftlos die Stufen herabgewankt war, noch bleich von der Angst und Aufregung des

Höre ich in meinen Seminaren

- „Als *Beispiel* möchte ich folgendes *Beispiel* bringen ...";
- „Diese Frage wirft ein *echtes* Problem auf" (dessen Lösung vielleicht *total* wichtig ist);

dann – und wenn *gewissermaßen, Äh* und *Mhm* sich häufen – empfehle ich der Teilnehmerin oder dem Teilnehmer, sich auf ein ausformuliertes Manuskript zu stützen.
Höre ich

- „Wie *oben* gezeigt, ist ...";
- „zur *Durchführung* dieses Reformprogramms *müssen* drei *Voraussetzungen*, die miteinander verknüpft sind, *gegeben sein*";

empfehle ich, die Möglichkeiten eines ausgearbeiteten Manuskripts auch wirklich zu nutzen: prägnante und anschauliche Sätze vorzubereiten, pointiert zu formulieren.

4   Rhetorische Stilfiguren

Ich habe auf den Seiten zuvor gezeigt, wie Sie zu einem Manuskript kommen, das eine gute Stütze für einen verständlichen und anschaulichen Vortrag ist, der lebhaft vorgetragen werden kann. Das ist das Pflichtprogramm. Die Kür folgt: Hinweise auf Stilmittel, mit deren Hilfe Sie für Abwechslung und Nachdruck sorgen können. Auf die *rhetorische Frage*, den *Vergleich*, das *Beispiel* und andere Publikumslieblinge habe ich bereits hingewiesen (vgl. S. 114 f.).

1. Say it again

Ein Professor für Allgemeine Rhetorik schreibt:

---

vergangenen Abends, aber voller Sehnsucht, ihren armen, schmerzenden Kopf noch einmal an die Brust dessen zu legen, den sie inniger liebte als ihre Leben, AB.'" Mark Twain: Die schreckliche deutsche Sprache. Löhrbach (o. J.), S. 11 (Großbuchstaben im Original).

„Wortwiederholungen *dienen* der Absicht der Wirkungssteigerung und Vereindringlichung, sie *dienen* der Betonung zeittypischer Begriffe *und* Gefühlshaltungen *und* sind besonders affektanregend, was sich auch im alltäglichen Sprachgebrauch äußert."[50]

Das hat er schön formuliert. Und an der falschen Stelle wiederholt, was sich auch in einem Vereindringlichungs- und Affektanregungsmangel äußert. Was wollte Ueding mitteilen? Wortwiederholungen können die Wirkung einer Aussage steigern. Etwa so: *Wortwiederholungen* sollen eine Aussage eindringlicher und damit wirksamer machen. *Wortwiederholungen* dienen dazu, zeittypische Begriffe und Gefühle zu betonen. *Wortwiederholungen* sprechen, das lässt sich im Alltag beobachten, vor allem Gefühle an.

Sie können auch einen ganzen Satz wiederholen, wenn Sie eine Kernaussage herausstellen wollen. „I have a dream", wiederholte Martin Luther King in seiner berühmten Rede in Washington, D. C. 1963 mehrfach. Der Satz ging in die Geschichte ein.

2. Kontakt-Stellung

Dieses Stilmittel hilft, die Aufmerksamkeit auf einen zentralen Begriff zu lenken:

- Auf den Neoliberalismus folgte die Politik der „Neuen Mitte". Die *Neue Mitte* ist ...
- Das ist vor allem eine Herausforderung für die Personalentwicklung. *Personalentwicklung* muss heute ...

Sie können die Kontakt-Stellung – leicht abgewandelt – auch verwenden, um Ironie in die Schilderung oder Bewertung eines Sachverhalts zu bringen:

- Daher gilt die Pflicht zur Rechtshilfe. Recht hilfreich ist eine kommissarische Zeugenvernehmung allerdings nicht, denn ...
- Die Regierung macht nicht, was sie könnte. Und sie kann nicht, was sie macht.

---

50 Gerd Ueding: Rhetorik des Schreibens. 4. Aufl. Weinheim 1996, S. 70 f. – Herv. N. F.

3. Bau-Gleichheit

Rhythmus können Sie in Ihre Rede bringen, wenn Sie drei oder vier Sätze bzw. Satzteile auf die gleiche Art und Weise „bauen":

- „Red, was wahr ist, iß, was gar ist, trink, was klar ist." (Martin Luther)

4. Über Kreuz

Ein zweites Rhythmus-Instrument sind Satzfolgen, bei denen der zweite Satz(-teil) in der umgekehrten Reihenfolge konstruiert ist:

- „Wer nur von Musik etwas versteht, versteht auch von Musik nichts". (Hans Eisler)
- Diese Ziele zu formulieren, ist leicht. Schwer ist es, ...
- Wer viel redet, erfährt wenig.
- „Die Mühen der Gebirge liegen hinter uns. Vor uns liegen die Mühen der Ebenen." (Bertolt Brecht)

5. Bilder, Metaphern

- Die FDP hat im Mai 2011 die Partei- und Fraktionsspitze ausgetauscht. Das war ein Umstellen der Liegestühle auf der Titanic.
- Gewissheiten sind Anker, die in die Tiefe ziehen und festhalten.

Bilder und Metaphern können einen Vortrag lebendig machen. Doch Vorsicht: Selbst Profis greifen oft daneben. Bilder verblassen, und Metaphern sind nicht mehr originell, wenn wir sie hundertmal gelesen oder gehört haben. Sie werden zu Klischees – zum Beispiel: Auge des Gesetzes, einem nackten Mann kann man nicht in die Tasche greifen, das Kind mit dem Bade ausschütten, Zahn der Zeit, jetzt wächst zusammen, was zusammen gehört.

Ich empfehle, bekannte Bilder oder Metaphern nur dann zu verwenden, wenn sie originell fortgesetzt werden können:

- Diesmal genügte es dem Gesundheitsminister nicht, das Kind mit dem Bade auszuschütten; diesmal musste er dem Kinde auch noch Seife in die Augen reiben.

- Im Land, wo die Zitronen blühen, blüht seit Jahren auch die Korruption. Der Grund: ...

6. Überraschung

Mit Adverbien, die scheinbar im Gegensatz zum Verb stehen, können Sie für Aufmerksamkeit sorgen:

- Die Kritik von ABC am Wohlfahrtsstaat der sechziger und siebziger Jahre lässt sich in dem Satz zusammenfassen: Der Staat war *erbarmungslos* großzügig.
- In der Auseinandersetzung um die Zukunft der europäischen Agrarpolitik zeigte die Landwirtschaftsministerin dem Chef des Bauernverbands *charmant* die kalte Schulter.

7. Verkürzung

In (Zwischen-)Zusammenfassungen oder Einleitungen können Sie mit verkürzten Sätzen ein Ergebnis oder eine These pointieren:

- *Hohe Motivation effiziente Produktion* – statt: Eine hohe Motivation der Arbeitnehmerinnen und Arbeitnehmer begünstigt eine effiziente Produktion.
- *Am Anfang Aufmerksamkeit wecken* – statt: Am Anfang eines Vortrags kommt es daran, Aufmerksamkeit zu wecken.
- *Low budget high risk.*
- *Kein Fortschritt ohne Risiko.*

8. Klimax

Sie können die Bedeutung einer Aussage unterstreichen, indem Sie diese Aussagen variieren und dabei immer stärkere Worte gebrauchen:

- Umweltschutz war zunächst ein Traum *weniger*. Umweltschutz wurde zur Hoffnung *vieler* und wird heute von *allen* als Notwendigkeit gesehen.

9. Antiklimax

Die Umkehrung der Steigerung bietet sich an, wenn Polemik in eine Auseinandersetzung gebracht werden soll:

- Sie können sich auf Tatsachen verlassen, auf die Wettervorhersage und die Wahlversprechen der Parteien.

Das letzte Beispiel ist populistisch. In der Wissenschaft hätte es nur als Einstieg in ein Referat über Populismus einen Platz. Die neun Empfehlungen sind also nicht als Anleitung zum Abschied von wissenschaftlicher Seriosität zu lesen, sondern als Anregung, Wissenschaft so vorzutragen, dass sie die Zuhörerinnen und Zuhörer erreicht.

5 Schreiben fürs Reden: 7 Empfehlungen

1. Kurz ist gut: Vermeiden Sie Blähwörter und lange Sätze.
2. Zurückhaltung ist eine Tugend – bei Fachtermini, Fremdwörtern, Abkürzungen und Fürwörtern.
3. Sätze nicht überfrachten. Stellen Sie Informationen Schritt für Schritt dar. Formulieren Sie kurze Sätze.
4. Die Hauptsache gehört in den Hauptsatz. Nebensätze werden angehängt.
5. Mit Zahlen und Statistiken zurückhaltend sein. Ordnen und gewichten Sie die Zahlen, die Sie präsentieren.
6. Zuhörerinnen und Zuhörern mit Beispielen, Fragen, Vergleichen, Analogien und anderen Publikumslieblingen erfreuen.
7. An Schopenhauer halten: Neues mit bekannten Worten sagen (vgl. S. 114).

In Diskussionen bestehen:
Strukturiert und bestimmt argumentieren, souverän mit Fragen und Kritik umgehen

Wissenschaft lebt von Kontroversen und entwickelt sich im Meinungsstreit. Diskussionen sind ein Medium des Erkenntnisgewinns. Studieren heißt: Einsichten in Zusammenhänge gewinnen. Ob Einsichten gewonnen wurden, lässt sich am besten im Gespräch, im Meinungsstreit prüfen. Lernen verläuft erfolgreicher, wenn Erkenntnisse nicht nur nachvollzogen, sondern in Diskussionen angewandt werden. Argumentationsfähigkeit ist eine zentrale berufliche Anforderung. Diskussionen sind ein Medium, diese Fähigkeit zu lernen. Diskussionen sind zudem der „Ort", eine zweite berufsrelevante Qualifikation zu erwerben: Teamarbeit.

Allerdings sind im Wissenschaftsalltag Diskussionen nicht immer der Ort, an dem nach den besten Argumenten und vernünftigsten Lösungen gesucht wird, sondern auch das Feld kommunikativer Fouls. Nicht selten geht es in Diskussion darum, *Recht* zu *bekommen*, zu *haben* (und zu *behalten*). Diskussionen verlaufen als „Kampf" um „Sieg" oder „Niederlage" und sind Bühne, auf der mancher Dozent oder Student gerne den Selbstdarsteller oder Besserwisser gibt. Und nicht zuletzt werden Diskussionen genutzt, um vor Publikum sein Steckenpferd zu reiten.

Deshalb sollte man für Diskussionen gewappnet sein, um sich nicht unterkriegen zu lassen. *Wappnen* klingt kriegerisch. Doch ich stelle auf den folgenden Seiten keine *Waffen* für den Kampf mit Worten vor. Ich zeige vielmehr Wege zu einem selbstbewussten Auftreten. Darunter verstehe ich: *für die eigene* Meinung, *für* die *eigenen* Vorstellungen und Vorschläge eintreten – nicht gegen andere antreten. Verfolgen Sie, lautet meine Empfehlung, konsequent Ihre Anliegen, vertreten Sie bestimmt Ihre Meinung. Wer Diskussionen als Kampfplatz begreift, verliert: Gelassenheit, Nerven und Sympathien.

Und wenn andere Diskussionsteilnehmer zu unfairen Mitteln greifen? Lassen Sie sie souverän ins Leere laufen. Wenn andere Diskussionsteilnehmerinnen Sie beeinträchtigen, weisen Sie diese Beeinträchtigung bestimmt zurück. Das kann mal sachlich, mal ironisch geschehen. Das sollte nie ein *Mit-Gleicher-Münze-Heimzahlen* sein.

Wie Ihnen das gelingt, zeige ich auf den folgenden Seiten. Vier Fragen stehen im Mittelpunkt: Wie können Sie

- sich mit prägnanten Beiträgen an Diskussionen beteiligen?
- die Wirkung eines Diskussionsbeitrags positiv verstärken?
- auf schwierige Fragen, rhetorische Strategien und komplizierte Diskussionsteilnehmer gelassen reagieren?
- Kritik selbstsicher begegnen?

1 Strukturiert argumentieren

Er war legendär. Der Auftritt des Kanzlerkandidaten Edmund Stoiber (CSU) am 20. Januar 2002 in Sabine Christiansens Talkshow. Er sagte unter anderem:

> „Das heißt also Absenkung des Nach ..., des, des, des des, des, na des, des Alters der Kinder, wenn sie, des Nachzugsalters; dann kommt der fünfte Punkt, und der sechste Punkt kommt dann sicherlich die Fragen gleichge..., äh, nicht gleichgeschle..., sondern, äh, ob ich auch, äh, äh, Asylgründe schaffe außerhalb der politischen und der rassistischen Verfolgung, also auch Gründe, äh, wenn aus, wenn, wenn andere Gründe sozusagen, also aus, dem Geschlecht oder Ähnlichem, äh, stattfinden, also wenn Frauen, die irgendwie wegen ihres Frauseins irgendwo verfolgt werden."[51]

Strukturiertes Argumentieren hilft, einen besseren Eindruck zu machen als der ehemalige bayerische Ministerpräsident. Strukturiertes Argumentieren

- trägt dazu bei, in einer Diskussion bestimmt und selbstsicher aufzutreten,
- verhindert, den eigenen Beitrag zu zerreden,
- hilft, so lange wie nötig und so kurz wie möglich zu sprechen – und das heißt: sich mit prägnanten Beiträgen an einer Diskussion zu beteiligen.

Zielbezogen denken

Zentrale Voraussetzung für strukturiertes Argumentieren ist Klarheit über Ziel und Zweck eines Diskussionsbeitrags. Viele reden deshalb weitschweifig oder

---

51 Zit. in: *Der Spiegel*, H. 38, 2002, S. 49.

haarscharf am Thema vorbei, weil sie nicht vom Zweck bzw. Ziel ihres Diskussionsbeitrags her denken. Diskussionsteilnehmer, denen die Übung fehlt, verwenden häufig viel Energie darauf, sich den ersten Satz zurechtzulegen, mit dem sie ihren Beitrag beginnen wollen. Das Ergebnis: Wenn sie zu Wort kommen, nimmt ihr vorformulierter erster Satz keinen Bezug auf den aktuellen Diskussionsverlauf.

Deshalb sollte am Anfang die Überlegung stehen: Was will ich erreichen? Will ich mich für eine Problemlösung, einen Vorschlag, eine Forderung einsetzen? Oder will ich einen Standpunkt begründen? Besteht darüber Klarheit, verfügt man über den entscheidenden Ausgangs- und Bezugspunkt für eine strukturierte Argumentation.

Dann geht es um Argumente, Begründungen und Belege: Wie kann ich meinen Vorschlag begründen? Welche Argumente und Beispiele stützen meine Forderung oder meinen Standpunkt?

Erst am Ende dieser Überlegungen steht die Frage, wie knüpfe ich an den bisherigen Diskussionsverlauf an? Wie kann ich meinen Beitrag situationsangemessen beginnen? Ich empfehle also folgenden *Denkplan:*

	Denkplan	
1. Schritt:	Schluss	= Zweck/Ziel
	↓	
2. Schritt:	Hauptteil	= Begründung
	↓	
3. Schritt:	Einleitung	= Anknüpfung/Einstieg

Abbildung 27 Diskussionsbeitrag: Denkplan

Umgekehrt steht am Beginn des *Diskussionsbeitrags* der Einstieg und am Ende der Ziel- bzw. Zwecksatz:

	Redeverlauf	
1. Schritt:	Einleitung	= Anknüpfung/Einstieg
	↓	
2. Schritt:	Hauptteil	= Begründung
	↓	
3. Schritt:	Schluss	= Zweck/Ziel

Abbildung 28 Diskussionsbeitrag: Redeverlauf

Folgende Argumentationsstrukturen sind hilfreich für Diskussionsbeiträge, mit denen das Ziel verfolgt wird, von einem Vorschlag zu überzeugen oder einen Standpunkt zu begründen:

1. Einen Vorschlag begründen

Steht eine Problemlösung, ein Vorschlag im Vordergrund, bieten sich für den Hauptteil drei Strukturierungskategorien an:

- *Situationsbeschreibung:* Wie ist der augenblickliche Zustand? Wie war die Situation bisher?
- *Perspektive:* Wie sollte es sein? Welcher Zustand soll erreicht werden? Wie sieht eine bessere Situation aus?
- *Lösungsmöglichkeiten:* Wie kann das Ziel erreicht werden?

Die gesamte Argumentation hat dann folgende Struktur:

Denkplan	Argumentation	Redeverlauf
1. Schritt: Zweck, Ziel des Diskussions- beitrags ↓	**Schluss** Problemlösung, Vorschlag: Das ist zu tun oder: So soll vorgegangen werden oder: Das ist (sind) meine Forderung(en)	3. Schritt: Zweck, Ziel des Diskussions- beitrags ↑

2. Schritt:
Begründung
↓
	Hauptteil
	1. Situationsbeschreibung
	   Was war, was ist?
	2. Perspektive
	   Wie sollte es sein?
	3. Lösungsmöglichkeiten
	   Wie ist das zu erreichen?
		2. Schritt:
		Begründung
		↑

3. Schritt: Einstieg	**Einleitung** Auf die Situation, auf die ZuhörerInnen bezogener Einstieg	1. Schritt: Einstieg

Abbildung 29   Argumentationsstruktur Problemlösung

Ein Beispiel:

Einleitung
„Wenn alle schweigen und einer spricht, dann nennt man das Unterricht.' Dieser auf die Schule gemünzte Satz beschreibt auch die Situation, die in vielen Seminaren anzutreffen ist.

Hauptteil
- *Situationsbeschreibung:* Viele Hochschullehrerinnen und Hochschullehrer kennen nur eine Unterrichtsmethode: Sie reden. Die Studierenden können allenfalls Fragen stellen. Die Monolog-Methode macht nicht fit für ein eigenständiges wissenschaftliches Arbeiten und ist keine geeignete Vorbereitung auf das Berufsleben.
- *Perspektive:* Es geht auch anders. Studierende übernehmen Verantwortung für die Gestaltung von Lehrveranstaltungen und beteiligen sich aktiv. Seminare sind problemorientiert statt stoffzentriert. In Diskussionen wird geübt, erworbenes Wissen anzuwenden. Kleine Präsentationen sind ein Übungsfeld für die verständliche Aufbereitung von Themen, Fragen und Problemen.
- *Lösungsmöglichkeit:* Hochschullehrerinnen und Hochschullehrer sollten sich stärker als Moderatoren begreifen, die mit unterschiedlichen Arbeitsformen, Mitteln und Medien aktives Lernen ermöglichen. Studierende müssen die Erwartungshaltung aufgeben, es genüge für eine qualifizierte Ausbildung, sich in Lehrveranstaltungen Wissen „abzuholen".

Schluss
Die Fachschaft sollte beantragen, dass der Fachbereichsrat eine gemeinsame Fortbildung von Lehrenden und Studierenden über aktivierende Seminarmethoden finanziert."[52]

2. Einen Standpunkt begründen

Steht die Begründung eines Standpunkts im Vordergrund, ist folgende Argumentationsstruktur sinnvoll:

---

[52] Norbert Franck: Diskussionen bestreiten und leiten. In: Norbert Franck, Joachim Stary (Hrsg.): Die Technik wissenschaftlichen Arbeitens. 16. Aufl. Paderborn 2011, S. 277 f.

Denkplan	Argumentation	Redeverlauf
1. Schritt: Zweck, Ziel ↓	**Schluss** Standpunkt/Schluss- folgerung	3. Schritt: Zweck, Ziel ↑
2. Schritt: Begründung ↓	**Hauptteil** 1. Beleg(e) 2. Beispiel(e)	2. Schritt: Begründung ↑
3. Schritt: Einstieg	**Einleitung** Behauptung	1. Schritt: Einstieg

Abbildung 30 Argumentationsstruktur Standpunkt begründen

Ein Beispiel:

Einleitung
Behauptung: Es besteht ein Widerspruch zwischen der Verfassungswirklichkeit und dem Verfassungsanspruch, dass niemand wegen des Geschlechts diskriminiert werden darf.

Hauptteil
Beleg und Beispiele: In der Wirtschaft, in der Politik, in allen Bereichen des öffentlichen Lebens sind Frauen in Führungspositionen deutlich unterrepräsentiert. Trotz des gestiegenen Qualifikationsniveaus von Frauen stagniert ihr Anteil an den Schaltstellen der Wirtschaft bei weniger als zehn Prozent. Im öffentlichen Dienst sieht es nicht viel besser aus.

Schluss
Schlussfolgerung: Schöne Reden und unverbindliche Absichtserklärungen ändern nichts an dieser Situation. Notwendig sind rechtlich verbindliche Maßnahmen zur tatsächlichen Gleichstellung der Frauen.

Mehr als drei Beispiele sind zu viel des Guten: Die Zuhörenden verlieren entweder die Geduld oder den roten Faden und schalten ab.

Entwickelt man seine Argumentation in der Auseinandersetzung mit den Beiträgen anderer Teilnehmerinnen und Teilnehmer, werden in der Einleitung deren Meinungen oder Vorschläge aufgegriffen. Die Einleitung besteht dann aus zwei Teilen: Argumentation aufgreifen und eine Behauptung formulieren. Drei Beispiele:

1. Widerspruch äußern
   - *Anknüpfung:* Helke meint, an der Benachteiligung von Frauen auf dem Arbeitsmarkt könne dadurch etwas geändert werden, dass Unternehmen sich freiwillig verpflichten, Frauen-Förderpläne aufzustellen.
   - *Behauptung:* Ich meine, das ist nach aller Erfahrung mit unverbindlichen Absichtserklärungen der Wirtschaft faktisch ein Plädoyer für die Beibehaltung des Status quo.

2. Meinungen, Vorschläge verbinden
   - *Anknüpfung:* Wir haben zwei Thesen gehört. These 1 lautet: Die Schule muss sich stärker auf ihren Erziehungsauftrag konzentrieren. In der Gegenthese wird die Auffassung vertreten, die Schule habe zu bilden. Erziehung sei Aufgabe der Eltern.
   - *Behauptung:* Meine Synthese lautet: Die Schule kann sich ihre Aufgaben nicht aussuchen. Die Schule muss sich mit der Lebenswelt von Kindern und Jugendlichen auseinandersetzen, wenn sie ihren Bildungsauftrag erfüllen will – und das heißt auch: mit der Erziehung im Elternhaus und den gesellschaftlichen Werten und Normen.

3. Standpunkte verbinden und weiterentwickeln
   - *Anknüpfung:* Jonas betont die Notwendigkeit eines *Studiums Generale*. Almut plädiert dafür, die Hochschulausbildung stärker an der Berufspraxis auszurichten.
   - *Behauptung:* Ich meine, beide Auffassungen sind keine Gegensätze. Und beide Auffassungen müssen ergänzt werden.

Der „Zwecksatz" sollte wirklich der letzte Satz sein. Die Problemlösung, Aufforderung oder Schlussfolgerung muss wirken. Wird ein unbedeutendes Beispiel oder eine nebensächliche Bemerkung nachgeschoben, schmälert das die Wirkung der gesamten Argumentation (vgl. die Hinweise zum Schluss eines Vortrags, S. 72 f.).

Für Fortgeschrittene: Eine Diskussion leiten

1. *Eröffnen* Sie eine Diskussion schlicht: „Guten Tag (meine Damen und Herren). Ich freue mich, dass Sie gekommen sind und eröffne die Diskussion."
2. In der *Überleitung* zur eigentlichen Diskussion wird
   - kurz das (erste) Thema und das Ziel der Diskussion erläutert,

- das Thema in Teilthemen gegliedert,
- zu einem Teilthema hingeführt und
- die eigentliche Diskussion mit einer Frage eröffnet.

Ein Beispiel:
- Wir haben beim letzten Mal vereinbart, uns heute mit der Frage zu beschäftigen ... Ziel unserer Diskussion ist ...
- Unser Thema hat verschiedene Aspekte: organisatorische, finanzielle und strukturelle.
- Ich schlage vor, dass wir zunächst ... diskutieren.
- Meine Eingangsfrage lautet: Was ...?

3. Stellen Sie eine kurze, verständliche, *offene Eingangsfrage*, die unterschiedliche Antworten zulässt. Offene Fragen können nicht mit „ja" oder „nein" beantwortet werden: „Wie beurteilen Sie diese Feststellung?" (statt: „Stimmen Sie dieser Feststellung zu?") Sie können die Diskussion auch mit einer These eröffnen, die zur Stellungnahme herausfordert.

4. *Durch Zwischen-Zusammenfassungen die Diskussion überschaubar machen:* In welchen Punkten besteht Übereinstimmung? Wo liegen Differenzen? Welche Fragen sind geklärt und welche noch offen?

5. *Ziel und Thema im Auge behalten:* Gerät das Diskussionsziel aus dem Blick, können Sie auf zwei Wegen zum Thema zurückführen: Sie erinnern an die Themen- bzw. Zielstellung der Diskussion. Sie klammern Fragen aus, die nicht geklärt werden können.

6. *Ermuntern*: Haben Sie den Eindruck, jemand möchte etwas sagen, zögert aber, ermuntern Sie die oder den Betreffenden:
- „Frau Fritsch, Sie wollten etwas sagen?"
- „Bernd, hattest Du Dich gemeldet?"

Springen Sie helfend ein, wenn eine Teilnehmerin nach einem treffenden Begriff sucht oder einem Teilnehmer ein Satz verunglückt. Bieten Sie eine Interpretation an, wenn nicht deutlich wurde, was die betreffende Person meint: „Wenn ich Dich richtig verstanden habe, bist Du der Meinung, dass ..."

7. *Stockungen überwinden*: Gerät eine Diskussion ins Stocken, können Sie
- die Themen- bzw. Problemstellung noch einmal kurz erläutern,
- den Stand der Diskussion bilanzieren,
- durch Fragen die Diskussion wieder in Gang bringen.

Hilfreich sind: offene und Informationsfragen. Nicht zweckdienlich sind:
- banale Fragen: „Wer gewann gestern die Landtagswahlen?",
- Suggestivfragen: „Da wir gerade beim Thema ‚Werte-Verlust' sind, was halten Sie von der ‚Homoehe'?",

- gezielte Fragen, die viele unangenehm an die Schule erinnern: „Was ist unter ‚Customer Relationship Marketing' zu verstehen?"
8. *Für einen fairen Diskussionsstil sorgen:* Weisen Sie Äußerungen zurück, die Unterstellungen oder persönliche Angriffe enthalten: „Bitte unterlassen Sie persönliche Angriffe." Unterbrechen Sie unsachliche Teilnehmerinnen oder Teilnehmer: „Bitte bleib sachlich und vermeide Unterstellungen."
9. *Zusammenfassen:* Machen Sie am Ende der Diskussion deutlich, welche Ergebnisse erzielt wurden, welche Übereinstimmungen oder Differenzen sich gezeigt haben, welche Fragen geklärt wurden bzw. offen blieben, welche Schlussfolgerungen für die weitere Arbeit gezogen werden können.
10. *Dank und Verabschiedung:* Am Ende steht der – schlichte – *Dank* an alle Beteiligten: „Ich beende die Diskussion. Vielen Dank für die rege Beteiligung. Auf Wiedersehen (gute Heimfahrt, vergnügtes Wochenende)."

2 Bestimmt argumentieren

Jede Kommunikation, also auch eine Diskussion, hat eine Inhalts- und eine Beziehungsdimension. Mit dem Inhalt einer Mitteilung stellen wir – durch Formulierungen, den Tonfall, durch Gestik und Mimik – eine Beziehung zu den Gesprächspartnern, Diskussionsteilnehmerinnen oder einem Publikum her.

Keine Unsicherheitssignale senden

Es gibt eine Fülle von Formulierungen, mit denen Sie die Wirkung eines Diskussionsbeitrags schmälern können, weil sie als Unsicherheitssignale aufgenommen werden. Was von Ihnen als höfliche Formulierung gemeint ist, kann auf andere wie eine Demutsgeste wirken. Auf fünf solcher Weichmacher weise ich hin. Da sie oft unbewusst verwendet werden, führe ich viele Formulierungsbeispiele zur Selbstüberprüfung an: Gehören solche Formulierungen zu Ihrem Sprachrepertoire?

Weichmacher werden oft unbewusst verwendet; aber viele registrieren sie bewusst – als Einladung, ein Argument nicht wichtig zu nehmen, einen Vorschlag zu überhören. Genauer: Wenn zwei das Gleiche sagen, ist es – in der Wirkung – nicht dasselbe.

Die Weichmacher, die ich anführe, werden gewöhnlich überhört, wenn sie von Vorgesetzten oder Prominenten formuliert werden, denen der Status einer Autorität oder Koryphäe zugeschrieben wird. Wenn in einem Seminar, auf einer Konferenz oder Tagung der Status der Beteiligten erst ausgelotet wird, wenn Autorität sich erst im Verlauf einer Diskussion herstellt bzw. eingeräumt wird – dann sind Weichmacher ein Klotz am Bein.

1. Fragen statt Aussagen

Ein klassisches Unsicherheitssignal ist die Schein-Frage:

- Diese These ist doch nicht haltbar, nicht wahr?
- Ist das nicht eine unzulässige Verallgemeinerung?

Wenn Sie wissen möchten, ob eine Behauptung, Meinung oder These haltbar ist, stellen Sie eine Frage. Wenn Sie der Auffassung sind, dass sie nicht haltbar ist, vertreten Sie Ihre Meinung:

- Ich meine, dass diese Auffassung nicht haltbar ist, weil ...
- Ich halte das für eine unzulässige Verallgemeinerung.

Diese Formulierungen sind angemessen und selbstbewusst. In die Kategorie der Weichmacher, die signalisieren, *Ich brauche Zustimmung*, gehören auch:

- Könnte es nicht sein ...?
- Meinst du nicht auch ...?
- Sollten wir nicht besser ...?

2. Demutskonjunktiv

- Ich würde sagen, Hegel geht es an diesem Punkt um ...
- Ich fände es besser, ...
- Eigentlich wollte ich ...

In „Ich *würde*"-Sätzen wird der Konjunktiv falsch eingesetzt. Ein Sprachschnitzer ist kein Problem; die unausgesprochene Botschaft ist problematisch: *Gestatten Sie mir, dass ich das sage. Ich bin bereit, es jederzeit anders zu sehen.*
   Sprechen Sie würde-los:

- Ich meine, Hegel geht es um ...

- Ich finde es besser, ...
- Ich möchte (meine) ...

3. Wer bin ich denn schon? Entschuldigungen

- Ich bin keine Expertin auf diesem Gebiet.
- Das ist nur so eine Idee vor mir.
- Mehr fällt mir dazu nicht ein.
- Ich meine bloß.
- Ich weiß ja nicht, ob das jetzt passt (dazugehört).
- Ich bin mir nicht hundertprozentig sicher, ob ...
- Es tut mir Leid, aber ich kann keinen Zusammenhang zwischen ... sehen.
- Vielleicht bringt uns das nicht weiter, aber ...

Schwächen Sie Ihre Aussagen nicht ab, indem Sie sich oder Ihre Meinung abwerten oder klein machen. Mit Dementi dieser Art untergraben Sie Ihre Autorität und laden zur Kritik ein. Machen Sie unmissverständlich deutlich, *dass* Sie etwas zu sagen haben:

- Ich mache folgenden Vorschlag: ... (statt: *Das ist nur so eine Idee vor mir*).
- So weit meine Überlegungen zu diesem Punkt. (statt: *Mehr fällt mir dazu nicht ein*).
- Ich sehe keinen Zusammenhang zwischen ... (statt: *Es tut mir Leid, aber ich kann ...*).

4. Darf ich auch was sagen?

- Wenn ich auch einmal etwas dazu sagen darf.
- Ich würde gerne einmal fragen ...

Beginnen Sie einen Diskussionsbeitrag nicht mit einer einleitenden Bitte um das Rederecht. Dieses Recht steht Ihnen zu. Sprechen Sie einleitungsfrei. Wenn Sie höflich sein möchten, dann richtig:

- „Das ist eine *interessante* These. Ich stimme ihr in einer Hinsicht nicht zu: ..."
- Das sind *spannende* Befunde. Haben Sie auch Daten über ... erhoben?"

Höflichkeits*floskeln* und der Demutskonjunktiv wirken wenig souverän.

5. Wir statt ich

- Müssten wir nicht erst klären, ob ...?
- Vielleicht sollten wir ...
- Wir sollten wieder zum Thema zurückkommen.

In diesen Aussagen wird die eigene Person versteckt; Meinungen werden als Frage formuliert. Selbstbewusst wirken Aussagen, wenn die Rednerin oder der Redner Verantwortung übernimmt und sich keine Rückzugsmöglichkeiten offen hält:

- *Ich* möchte, dass wir zum Thema zurückkommen.
- *Ich* meine, wir müssen erst klären, ob ...

Es gibt noch weitere Varianten des Verzichts auf die erste Person:

- Namhafte *Experten* haben herausgefunden,
- Neue *Untersuchungen* belegen,
- Die *Erfahrung* zeigt.

Die Vermeidung des Personalpronomens *Ich* mag ein Kennzeichen von Höflichkeit oder Bescheidenheit sein. In Diskussionsbeiträgen macht ein *Ich* Eindruck. Meine ich.[53]

Um nicht missverstanden zu werden: Eine wissenschaftliche Argumentation stützt sich auf wissenschaftlich gesicherte Untersuchungen. Und es ist legitim, sich der Auffassung einer Autorin oder eines Autors anzuschließen. Gleichwohl sollten *Sie meinen* (zum Beispiel in Anlehnung an Habermas), und *Sie* sollten *begründen* (mit dem Verweis auf die Untersuchungen von ...). Wissenschaftliches Arbeiten *beginnt* mit *eigenem* Denken, führt zu begründeten und nachvollziehbaren Ergebnissen, stützt und bezieht sich auf Ergebnisse der Wissenschaft. Wer sich im Diskurs nur auf Autoritäten beruft, gebraucht das Gedächtnis, nicht den Verstand.

---

53 Unangebracht ist ein *Ich meine*, wenn es um Fakten geht, die unabhängig von unserem Denken und Meinen sind – zum Beispiel die Tatsche, dass im Mai 2011 drei Millionen Menschen in Deutschland arbeitslos gemeldet waren.

Verstärker einsetzen

Wer Weichmacher vermeidet, gewinnt Zeit für Verstärker, die Diskussionsbeiträgen Nachdruck verleihen und dazu beitragen, nicht überhört zu werden. Mit Verstärker meine ich weder zusätzliche Hilfsmittel noch rhetorische Tricks – und schon gar nicht herrisches Auftrumpfen oder Belehrungen. Mit Äußerungen wie „Ich darf ja wohl voraussetzen, dass Dir ... bekannt ist" oder: „Wie Ihnen bekannt sein dürfte ..." verstärken Sie allenfalls Vorbehalte.

Verstärker sind sprachliche Signale, die Ihre Meinung, Ihre Argumente und Schlussfolgerungen zum Klingen bringen. Die vier wichtigsten verbalen Verstärker sind:

1. Problemstrukturierende Begriffe

Ihren Redebeiträgen verleihen vor allem folgende Strukturierungskategorien Nachdruck: Behauptung, Begründung, Standpunkt, Schlussfolgerung.

- Ich *behaupte* ... Diese Behauptung *begründe* ich ...
- Aus diesen Überlegungen *ziehe* ich den *Schluss* ...
- Ich komme daher zu dem *Ergebnis* (der Schlussfolgerung) ...
- Diese Argumente verdichte ich in der *These* ...

2. Kurze, prägnante Sätze

Wer „in Absätzen" spricht, hat es schwer, angemessen zu betonen. Ein klarer Satzbau und kurze Sätze sind gute Voraussetzungen, um eindringlich sprechen und Wichtiges deutlich hervorheben zu können (vgl. ausführlich Kapitel 4).

3. Konkrete Beispiele, anschauliche Formulierungen

Visualisieren Sie Ihre Diskussionsbeiträge mit Worten: mit Vergleichen, Bildern, Analogien. Kopfkino sorgt für Aufmerksamkeit (vgl. S. 115 f.).

4. Wechselnde Betonung

Der „Brustton der Überzeugung" kommt zustande, wenn Sie

- mal lauter, mal leiser sprechen (aber immer gut hörbar),

- mal langsamer, mal schneller sprechen (aber nie zu schnell),
- Pausen machen.

Die wichtigsten *nonverbalen* Verstärker habe ich im zweiten Kapitel vorgestellt (vgl. S. 67f.):

- Blickkontakt halten
- gerade sitzen,
- die Unterarme auf dem Tisch, damit Sie Ihren Beitrag mit Gesten unterstreichen können.

Diskussion und Metakommunikation

Eine Diskussion ist mehr als die Summe von Meinungsäußerungen. Diskussionen haben einen Inhalt, über den diskutiert wird, und Diskussionen sind ein Prozess, der von den Beteiligten bewusst oder unbewusst gesteuert wird. Auf beide Dimensionen, auf das *Was* und das *Wie*, sollten Sie Einfluss nehmen.

Je früher Sie etwas sagen, desto geringer ist die Gefahr, dass Sie den Einstieg verpassen, und desto mehr können Sie das Klima und das Niveau einer Diskussion beeinflussen. Da es in Diskussionen nie nur um „die Sache" geht, gibt es keinen Grund, ausschließlich „zur Sache" zu reden – und damit die eigenen Beteiligungsmöglichkeiten einzuengen. Sie können und sollten:

1. Vorschläge zum Vorgehen machen: Wie soll vorgegangen, in welcher Reihenfolge sollen die verschiedenen Aspekte eines Themas behandelt werden?
2. Den Diskussionsverlauf ansprechen: Vorschlagen, zum Thema bzw. Problem zurückzukommen, wenn die Diskussion „aus dem Ruder läuft".
3. Strukturieren: Meinungen zusammenfassen, auf Unterschiede und Gemeinsamkeiten hinweisen, Standpunkte verbinden oder Argumente weiterentwickeln.
4. Zustimmung oder Ablehnung äußern: Deutlich machen, dass und warum Sie einer Auffassung insgesamt oder nur zum Teil (nicht) zustimmen.
5. Fragen stellen: Bei unverständlichen Diskussionsbeiträgen fragen, was gemeint ist. Solche Nachfragen sind in der Regel auch im Interesse der anderen Teilnehmerinnen und Teilnehmer (und bringen gelegentlich einen Bluffer ins Schwitzen).

6. Informationen und Schlussfolgerungen prüfen: Darauf hinweisen, dass Informationen unvollständig oder nicht korrekt sind, Schlussfolgerungen nicht schlüssig und folgerichtig.
7. Konsequenzen abwägen, die Machbarkeit von Vorschlägen prüfen:
   - kommentieren, welche Konsequenzen sich aus einer Schlussfolgerung oder einem Vorschlag ergeben;
   - abwägen, ob alle Vor- und Nachteile bedacht wurden, ob die Voraussetzungen zur Umsetzung eines Vorschlags gegeben sind.

3 Fragen richtig „hören" und gelassen beantworten

Menschen stellen Fragen, weil sie etwas wissen möchten. Fragen werden gestellt, um zu verunsichern. Und es gibt Fragen, deren Ziel unklar ist.

Der Umgang mit unklaren und manipulativen Fragen steht in diesem Abschnitt im Vordergrund. Eine souveräne Reaktion auf solche Fragen setzt voraus, dass Sie

1. sich Zeit zum Antworten nehmen;
2. nicht vorschnell Kritik hören;
3. sich nicht verunsichern lassen.

Wie kann Ihnen das gelingen?

Sich Zeit lassen mit dem Antworten

Sie müssen nicht schlagfertig sein. Sie müssen nicht „wie aus der Pistole geschossen" antworten, wenn Ihnen eine Frage gestellt wird. Fragen sind kein Grund zur Hektik.

Diese Haltung hilft, gelassen zu bleiben. Gelassenheit hält den Kopf frei für sachliche Antworten – mit denen Sie in Diskussionen Pluspunkte sammeln. Ein *Schlag*abtausch kann eine Diskussion spannend machen. Sympathie für die Kontrahenten weckt er in der Regel nicht. Schlagfertige Menschen haben vielleicht ehrfürchtige Gegnerinnen oder neidvolle Bewunderer – aber wenige Freundinnen und Freunde. Wer in einer Diskussion auf Kosten anderer *Punkte macht*, verscherzt sich die Sympathie der Unterlegenen. Das bringt in vielen Lebenssituationen nicht weiter.

Stellen Sie sich nicht unter Schlagfertigkeitsdruck, sondern nehmen Sie sich Zeit für eine sachliche Antwort. Mit einer Pause signalisieren Sie: Ich stehe nicht unter Druck. Ich denke nach, um keine oberflächlichen Antworten zu geben. – Denkpausen sind souverän.

Sie können sich Zeit zum Nachdenken verschaffen, indem Sie

1. Einen *Überbrückungssatz formulieren:* „Lassen Sie mich kurz nachdenken, um Ihre Frage so konkret wie möglich beantworten zu können."
2. Ihre *Antwort gliedern:* „Deine Frage spricht drei verschiedene Aspekte an. Ich will zunächst auf … eingehen, dann auf …. und schließlich auf die Frage nach …"
3. *Schmeicheln:*
   - „Das ist eine sehr wichtige (interessante, spannende, zentrale) Frage."
   - „Es freut mich, dass Du das fragst, denn …"
4. Eine *Gegenfrage stellen:*
   - „Können Sie Ihre Frage etwas präziser (konkreter) formulieren?"
   - „Wie meinst Du das?"
   - „Was verstehen Sie unter *Steuergerechtigkeit?*"
5. Die *Frage analysieren:*
   - „Ihre Frage enthält eine Voraussetzung, die ich nicht teile. Ich gehe aber gerne auf das angesprochenen Problem ein."
   - „Du hast drei Fragen gestellt. Ich antworte zunächst auf die aus meiner Sicht wichtigste Frage: …"
   - „Den Gegensatz, den Du in Deiner Frage konstruierst, sehe ich nicht. Zu dem von Dir angesprochenen Problem meine ich: …"

Fällt Ihnen die Antwort auf eine Frage schwer, haben Sie drei Möglichkeiten: Sie können die Frage einengen, ausweiten oder weitergeben.

1. *Einengen:* „Ich beantworte Ihre Frage an einem konkreten Beispiel."
2. *Ausweiten:* „Ich möchte Deine Frage in einen größeren Zusammenhang einordnen."
3. *Weitergeben:* „Ich habe mich auf das Werk von Max Frisch konzentriert. Die Frage nach der Bedeutung der Schweizer Literatur im deutschsprachigen Raum kann sicher Martina beantworten. Sie ist eine Expertin auf diesem Gebiet."

Schließlich können Sie *passen:* Sie können und müssen nicht alles wissen. Geben Sie eine Wissenslücke zu. Versuchen Sie nicht sich herauszureden. Ausflüchte provozieren meist weitere Fragen, die „in die gleiche Kerbe hauen".[54]

Unklare Fragen: Nicht vorschnell Kritik hören

Ein Bewerbungsgespräch. Vorangegangen sind verschiedene Aufgaben in einem Assessment-Center, darunter ein Kurzvortrag. Nach einem kurzen Smalltalk fragt die Personalchefin die Uni-Absolventin: „Hat Ihnen Ihr Vortrag gefallen?" Einige Zeit später fragt ein Abteilungsleiter: „Halten Sie immer solche Vorträge?"

Zwei Fragen. Wir können allerdings auch Kritik hören. Personalchefin: *Das war ja wohl nichts!* Abteilungsleiter: *Langweilen Sie eigentlich immer Ihre Zuhörerinnen und Zuhörer?*

Was wir hören, liegt in unserer Verantwortung. Ein Beispiel: Herr und Frau Möller fahren mit dem Auto in den Urlaub. Frau Möller fährt auf der Autobahn 130. Herr Möller sagt zu seiner Frau: „Du, hier gilt Tempo 100." Frau Möller antwortet: „Fährst du oder fahre ich?"

Offenkundig hat Frau Möller Kritik an ihrem Fahrstil gehört (*Du fährst zu schnell*). Oder Sie hört die Nachricht *Ich muss dir immer noch sagen, wie man richtig fährt*. Frau Möller könnte „Du, hier gilt Tempo 100" auch wörtlich nehmen und antworten: „Ich weiß" (oder: „Das habe ich übersehen; danke für den Hinweis").

Zurück zum Bewerbungsgespräch: Die Personalchefin hat nicht gesagt, „Fanden Sie ihren Vortrag auch so schlecht?" Und die Frage des Abteilungsleiters lautete nicht: „Halten Sie immer so langweilige Vorträge?" Deshalb gibt es keinen Grund, diese Nachrichten zu hören. Als Empfehlung formuliert: Nehmen Sie Fragen, die keine expliziten Wertungen enthalten, wörtlich. Das erleichtert Ihnen das Antworten erheblich.

„Hat Ihnen Ihr Vortrag gefallen?" Die Antwort sollte schlicht lauten: „Ja." Warum sollte die Bewerberin ihre Leistung schmälern oder sich verteidigen, wenn sie im Vortrag das gesagt hat, was sie sagen wollte? Und Eigenlob – zum Beispiel: „Ja, er war brillant" – ist auch nicht angebracht.

---

54 Wenn Ihnen Fragen im Anschluss an ein Referat gestellt werden, können Sie die Fragen zunächst sammeln und dann in der Reihenfolge beantworten, die Ihnen am leichtesten fällt.

„Halten Sie immer solche Vorträge?" Die Frage des Abteilungsleiters ist unverständlich. Was sind *solche* Vorträge? Wenn eine Frage unverständlich ist, bittet man um Erläuterung: „Was meinen Sie mit *solche* Vorträge?"

Jetzt ist der Abteilungsleiter an der Reihe. Nehmen wir an, er sagt: „Na, so abstrakt." Das *klingt* nach Kritik. Der Satz muss aber nicht notwendig so *gehört* werden. Was ist mit *abstrakt* gemeint? *Abstrakt, theoretisch* oder *kompliziert* sind häufig unpräzise Bewertungen. Sie können zutreffen, und sie können Ausdruck mangelnder Anstrengungsbereitschaft derer sein, die diese Wertung vornehmen. Es gibt daher keinen Anlass, sich zu rechtfertigen oder zu entschuldigen. Der Abteilungsleiter hat sich unpräzise ausgedrückt. Die angemessene Reaktion ist deshalb eine – selbstbewusste – Nachfrage: „Was meinen Sie mit *abstrakt*?" Oder: „Meinen Sie mit *abstrakt* die begriffliche Klärung eines komplexen Sachverhalts?"

„Hören" Sie Fragen als Fragen und Bewertungen als eine Meinung, über die man sich auseinandersetzen kann. Diese Haltung schützt Sie davor, eine ungünstige und anstrengende Rechtfertigungs- oder Verteidigungshaltung einzunehmen, in die Rolle der oder des Angeklagten zu schlüpfen.

Ein Beispiel aus dem Ehealltag: Es ist Sonntagabend. Herr Beck sagt zu seiner Frau: „Das ganze Wochenende hast du dich nur mit deinem Aquarium beschäftigt." Frau Beck rechtfertigt sich: „Ist ja überhaupt nicht wahr! Ich habe eingekauft, gekocht und den Kindern bei den Hausaufgaben geholfen!"

Richtig „hören" heißt: Der Mann übertreibt. Er sagt nicht, worum es ihm geht. Deshalb sollte er nicht aus der Verantwortung entlassen werden, sich präzise auszudrücken: „Ja, ich habe mich mehrere Stunden mit dem Aquarium beschäftigt."

Jetzt ist Herr Beck wieder an der Reihe. Ist er enttäuscht, dass seine Frau ihm nicht mehr Aufmerksamkeit geschenkt hat, soll er *das* sagen. Darüber lässt sich ein vernünftiges Gespräch führen.

Ich übertrage dieses Beispiel auf eine Seminar-Situation: Sie halten ein Referat über Rekommunalisierung. In der anschließenden Diskussion werden Sie gefragt: „War das nicht viel Theorie auf Kosten der Praxis?" (oder umgekehrt). Meine Empfehlung: Bestätigten Sie selbstbewusst das, was zutrifft: „Ich lege großen Wert darauf, meine Aussagen auf neue Erkenntnisse zu stützen" (mit Erfahrungen aus der Praxis zu belegen).

Kurz: Widerstehen Sie der Tendenz, nur mit dem „Kritik-Ohr" zu hören und sich deshalb unnötig zu rechtfertigen. Wenn Ihnen das gelingt, dann können Sie gelassen und souverän mit Fragen und Kritik umgehen.

Sich nicht verunsichern lassen

Es gibt Fragen, bei denen klar zu hören ist: Hier geht es nicht um die Sache, sondern darum zu verunsichern. Drei Beispiele:

- „Ist das ein ernsthafter Vorschlag?"
- „Meinst Du das wirklich?"
- „Sind Sie ganz sicher?"

Was tun? Unsachliche Fragen nicht persönlich nehmen. Die Fragende hat vielleicht schlecht geschlafen, oder der Fragende hat Schwierigkeiten mit kompetenten Menschen. Das sind Probleme der Fragenden. Warum sollten *Sie* sich von den Macken oder der schlechten Laune anderer Menschen abhängig machen? Diese Einsicht schont die Nerven und spart Energie; sie beugt zudem vor, unter Niveau zu reagieren und „mit gleicher Münze" heimzuzahlen. Wer mit dem Schornsteinfeger ringt, wird schwarz – egal, ob man gewinnt oder verliert. Das heißt mit Blick auf die drei rhetorischen Fragen: Antworten Sie schlicht und souverän: „Ja" – und Sie gewinnen die Sympathie aller Anwesenden.

Diese Empfehlung ist nicht mit der Aufforderung zu verwechseln, Ihren Gefühlen keine Beachtung zu schenken. Sprechen Sie es an, wenn unsachliche Fragen und Bewertungen in einer Diskussion nicht die Ausnahme, sondern die Regel sind: „*Mir* missfällt der Diskussionsstil. *Ich* habe den Eindruck, dass es nicht (mehr) um die Prüfung meiner Vorschläge geht, sondern darum, mir Unzulänglichkeiten nachzuweisen."

In einer emotional belastenden Situation ist es besonders schwer, angemessen zu reagieren – und die „richtige" Antwort fällt häufig erst später ein. Die Folge: Man regt sich noch einmal auf oder schlimmer noch: Die Situation bleibt lange im Gedächtnis und nagt am Selbstwertgefühl. Sprechen Sie deshalb rechtzeitig an, was Sie stört – und achten Sie darauf, Ihre Kritik nicht als Vorwurf zu formulieren („*Sie* interessieren sich ja überhaupt nicht für meine Vorschläge, sondern wollen mich nur ...").

Wenn Sie

- Fragen richtig „hören",
- sich nicht den Zwang auferlegen, Fragen „schlagfertig" beantworten zu *müssen*,
- Polemik nicht persönlich nehmen

– dann haben Sie gute Voraussetzungen, auch mit Kritik souverän umzugehen.

Zum Schluss dieses Abschnitts noch ein Hinweis zum Umgang mit Unterbrechungen: Werden Sie während eines Referats oder Diskussionsbeitrags durch Fragen *unterbrochen,* können Sie

- die Fragen beantworten oder übergehen,
- darauf hinweisen, dass Sie Fragen erst im Anschluss an Ihren Vortrag oder Diskussionsbeitrag beantworten möchten,
- versprechen, die Frage im Laufe des Referats zu beantworten.

4 Rhetorische Strategien abwehren

Nach einem Vortrag werde ich darauf hingewiesen werde, dass ich einen wichtigen neuen Aufsatz nicht berücksichtigt habe. Mit diesem Versäumnis habe ich keine *Schuld* auf mich geladen. Deshalb begreife ich diesen Hinweis als nützliche Rückmeldung, die mir hilft, diesen *Fehler* nicht zu wiederholen. Für dieses Versäumnis rechtfertige ich mich nicht. Wegen dieses Fehlers geht die Welt nicht unter, denn ich mache schon mein ganzes Leben Fehler.

Ich *entschuldige* mich bei einem Freund, wenn ich zu einer Verabredung eine Stunde zu spät komme. Und einem Freund *erkläre* ich, warum ich zu spät komme.

Habe ich einen Aufsatz übersehen, sage ich: „Den habe ich übersehen (noch nicht gelesen)." Oder: „Gut, dass Sie mich darauf hinweisen". Das reicht.

Schuld und Sühne ist ein großer Dostojewski-Stoff. Der Umgang mit Kritik, die Reaktion auf Fehler, Irrtümer und Versäumnisse ist ein anderes Thema. Dieser Hinweis ist mir deshalb wichtig, weil ich auf *zutreffende* Kritik nicht weiter eingehe, sondern mich auf ein schwierigeres Feld begebe: unklare, versteckte, manipulative Kritik.

Ein Hinweis vorab: Im Alltag arbeitet Kritik oft mit Imperativen: So sollte „man" sein bzw. sich verhalten. Drei Beispiele:

- „Das ist aber nicht konsequent."
- „Das machen doch alle so."
- „Musst Du aus der Reihe tanzen?"

Mit solchen Bemerkungen wird unterstellt, es gäbe verbindliche Verhaltensmaßstäbe: Man müsse *immer* konsequent sein oder dürfe *nie* „aus der Reihe tanzen". Über diese Verhaltensmaximen gibt es keinen verbindlichen sozialen Konsens: *Sie* entscheiden, ob und wann Sie konsequent sein wollen. *Sie* entscheiden, ob Sie sich einer Meinung bzw. einem Vorschlag anschließen oder nicht. Die Mehrheit hat nicht immer Recht. Wenn alle etwas „so" machen, ist das kein Argument, denn nicht die Masse macht's. Lassen Sie sich kein schlechtes Gewissen einreden, wenn Sie einen eigenen Kopf haben:

- „Das ist aber nicht konsequent." – „Soll es auch nicht sein."
- „Das machen doch alle so." – „Ich bin nicht alle."
- „Musst Du (immer) aus der Reihe tanzen?" – „Nicht immer."

Um in Diskussionen zu *gewinnen*, bedienen sich manche Zeitgenossen rhetorischer Strategien zur Verunsicherung des *Gegners*. Ich stelle Ihnen ein knappes Dutzend solcher Strategien vor. Sie sollen diese Tricks durchschauen und sich nicht aus dem Konzept bringen lassen, sondern gelassen reagieren.

Ich rate davon ab, diese rhetorischen Strategien selbst anzuwenden. Wer zu Tricks greift, ist nicht souverän. Wer solche Strategien einsetzt, läuft Gefahr durchschaut zu werden – zum Beispiel von anderen Leserinnen und Lesern dieses Buchs.

Zahlen Sie rhetorische Tricks auch nicht „mit gleicher Münze" heim. Bleiben Sie sachlich. Auch wenn es manchmal schwerfällt. Sie sammeln bei den meisten Diskussionsteilnehmern Pluspunkte. Sie können die Mehrzahl der rhetorischen Strategien schlicht übergehen oder freundlich aber bestimmt sagen: „Ich meine, es ist zweckdienlicher, wenn Sie auf diese rhetorischen Strategien verzichten". Oder: „Versuch es doch einmal ohne rhetorische Floskeln."

Der erste und wichtigste Schritt: sich nicht verunsichern lassen. Das gelingt, wenn Sie erkennen, ob in einem Diskussionsbeitrag mit rhetorischen Mitteln gearbeitet wird und was die beabsichtigte Wirkung der jeweiligen rhetorischen Strategie ist.

Manche der Formulierungen, die ich auf den nächsten Seiten vorstelle, werden ohne Hintergedanken gebraucht. Unter „Verunsichern" finden Sie zum Beispiel die Frage: „Sind Sie da ganz sicher?" Das kann die harmlose Frage einer Freundin sein, die sich vergewissern will, ob der Film *X* wirklich im Kino *Y* läuft. Es kommt also auf den Zusammenhang an, in dem diese Frage gestellt wird – und auf die Person, die sie formuliert.

1. Status-Vorwurf

Es ist ein beliebter Trick, ein Argument abzuwerten mit dem Verweis auf die Person, die dieses Argument anführt.

- „Du kannst in Erziehungsfragen gar nicht mitreden. Du hast doch keine Kinder."
- „Da Sie als Frauenbeauftragte nur bestimmte Interessen verfolgen, dürfte Ihre These ohnehin fragwürdig sein."

Weisen Sie darauf hin, dass von der „Quelle" einer Aussage nicht auf deren Qualität geschlossen werden kann:

- „Es geht nicht um mich, sondern um meine These, dass antiautoritäre Erziehung ..."
- „Der Hinweis auf mein Amt als Frauenbeauftragte ist kein Ersatz für ein schlüssiges Gegenargument."

2. Andeutungen

- „Sieht man einmal von den Schwächen Deiner Argumentation ab ..."
- „Fast hätte ich gesagt ..."
- „Auf die vielen Ungereimtheiten Ihres Beitrags will ich nicht weiter eingehen."

Was soll mit solchen Andeutungen erreicht werden? Sie sollen dankbar sein, dass Ihre „Schwächen" nicht bloßgestellt werden – und aus Dankbarkeit schweigen. Diese Andeutungen sind in der Regel ein Bluff. Außerdem: Wenn Ihre Argumentation tatsächlich Schwächen hat, ist das kein Drama. Und es ist immer besser zu wissen, woran man ist, als eine Andeutung über Schwächen im Raum stehen zu lassen. Fragen Sie deshalb nach:

- „Welche Schwächen?"
- „Können Sie das präzisieren?"
- „Gehen Sie bitte näher darauf ein!"

Sie werden erleben: Alle kommen ins Schwimmen, denen es nicht um eine sachliche Korrektur ging, sondern um Einschüchterung.

3. Selbstbekehrung

- „Auch ich war früher Deiner Auffassung, aber ..."
- „Mir ging es wie Ihnen, bevor ich ..."

Mit der „Selbstbekehrung" wird folgendes Ziel verfolgt: Sie sollen an Ihrer Auffassung zweifeln und sich fragen, ob Sie nicht auch Ihre Meinungen hätten ändern sollen. Unausgesprochen wird Ihnen unterstellt, Sie seien nicht lernfähig bzw. würden eine überholte Position vertreten. Wie antworten? Weisen Sie darauf hin, dass eine Meinungsänderung kein Argument ist:

- „Dein Meinungswandel ist sehr interessant. Ich bin nach wie vor der Auffassung, dass ... weil ..."
- „Bitte keine Geständnisse, sondern Argumente."

Das Gegenteil der „Selbstbekehrung" ist der Verweis auf früher geäußerte Meinungen: Sie sollen verunsichert werden, *weil* Sie Ihre Meinung geändert haben.

Ob Sie Ihre Meinung ändern oder nicht, ist Ihre Sache. Stehen Sie zu Ihrem Meinungswechsel:

- „Heute weiß ich es besser."
- „Ich erläutere Ihnen gerne, warum ich das heute anders sehe."

4. Verunsichern

- „Sind Sie ganz sicher?"
- „Woher wissen Sie denn das so genau?"

Wer ist schon ganz sicher? Wenn Sie sich gut überlegt haben, was Sie meinen oder vorschlagen, dann sind Sie (vorläufig) ganz sicher – und können deshalb kurz und bestimmt antworten:

- „Ja" bzw.
- „Ich habe mich informiert."

5. Verunglimpfen

- „Deine Ausführungen beweisen, dass Du meinen Vorschlag nicht verstanden hast."
- „Sie konnten offensichtlich meiner Argumentation nicht folgen."

Überhören Sie Verunglimpfungen. „Beleidigungen sind die Argumente derer, die Unrecht haben" (Rousseau). Reagieren Sie mit „gerade weil":

- „Gerade weil ich Deinen Vorschlag verstanden habe, lehne ich ihn ab."
- „Gerade weil ich Ihre Argumentation verstanden habe, widerspreche ich nachdrücklich."

6. Übertreibung

„Glauben Sie *alles,* was in der Zeitung (in Büchern) steht (in den Nachrichten gebracht wird)?"

Es ist beliebter Trick, eine konkrete Frage oder Kritik mit einer Übertreibung zu beantworten, um den Fragenden oder die Kritikerin als naiv darzustellen. So reagierte in den sechziger Jahren Innenminister Hermann Höcherl auf den Vorwurf, er habe sich während der *Spiegel*-Affäre nicht verfassungskonform verhalten, mit dem Satz: „Ich kann doch nicht jeden *Tag* mit dem Grundgesetz *unter dem Arm herumlaufen.*" Selbstverständlich sollte er nicht jeden Tag mit der Verfassung *unter dem Arm herumlaufen.* Aber er hätte verfassungskonform *entscheiden* sollen.

Ein vernünftiger Mensch glaubt nicht *alles,* was in der Zeitung steht: „Nein, aber ich möchte wissen, was Sie zu diesen Fakten (dieser Kritik) meinen (sagen)."

7. Ja-Kette

Drei oder vier Fragen werden so formuliert, dass Sie ohne Zögern mit „Ja" antworten können. Das Ziel: Sie sollen die letzte – entscheidende – Frage unbedacht auch mit „Ja" beantworten:

Frage 1: „War unser Unternehmen in den letzten Jahren erfolgreich?" (Ja)
Frage 2: „Engagiert sich unser Unternehmen stark im Umweltschutz?" (Ja)
Frage 3: „Wollen wir weiter expandieren und uns für gute Zwecke engagieren?" (Ja)
Frage 4: „Müssen wir dann nicht künftig effektiver arbeiten und Kosten sparen?" (Ja erwünscht)

Unterbrechen Sie diese Frage-Kette. Fragen Sie, was „Kosten sparen" heißt, in welcher Hinsicht nicht „effektiv" gearbeitet wird.

Im Wissenschaftsbereich sind drei rhetorische Strategien besonders beliebt: die *Mängel-Rüge,* der *Wissenschaftlichkeits-Hammer* und die *Niveau-Falle.*

8. Mängel-Rüge

Die Mängel-Rüge wird in folgenden Varianten ausgesprochen:

- „Das ist ja sehr originell, aber ich kann die Relevanz für das Thema nicht sehen."
- „... aber das müsste viel differenzierter angegangen werden."
- „... aber die neuere französische Literatur ist nicht genügend eingearbeitet."
- „... aber Sie hätten den internationalen Aspekt stärker berücksichtigen müssen."
- „... wobei Deine Analyse an der Dialektik von Teil und Ganzem vorbeigeht."

Das Prinzip der „Mängel-Rüge" besteht darin, Unzulänglichkeiten vorzuwerfen, die nicht behoben werden können, weil nicht präzise formuliert wird, worin diese Unzulänglichkeiten bestehen.
  Sie können jeder Variante der „Mängel-Rüge" mit einer Nachfrage begegnen. Heben Sie vor der Frage Ihre Leistung hervor. Und machen Sie dann die schöne Erfahrung, dass Bluffer ins Stottern geraten.

- „Ich habe gezeigt, dass ... Welche Auffassungen finden sich dazu in der französischen Literatur?"
- „Ich habe belegt, dass ... An welcher Stelle siehst Du die Notwendigkeit einer Differenzierung?"
- „Ich habe deutlich gemacht, dass ... Wie soll ich vor diesem Hintergrund Ihren Hinweis interpretieren?"
- (Wenn Sie sicher sind, dass gebluufft wird:) „Erläutere doch einmal rasch die Dialektik von Teil und Ganzem."

9. Der Wissenschaftlichkeits-Hammer

„Ihre Thesen genügen nicht den Anforderungen wissenschaftlicher Maßstäbe."
  Der „Wissenschaftlichkeits-Hammer" ist eine Steigerung der „Mängel-Rüge". Er soll Sie aus dem Kreis derer ausschließen, die ernst genommen werden müssen. Reaktion: Wie bei der „Mängel-Rüge". „Ich habe gezeigt, dass ... In welcher Hinsicht genügt diese Beweisführung nicht wissenschaftlichen Maßstäben?"

10. Die Niveau-Falle

„Mit Ihrem Vortrag passen Sie sich auf Kosten des wissenschaftlichen Niveaus zu sehr dem Publikumsgeschmack an."

Prinzip dieser rhetorischen Strategie ist es, einen Vorzug (Verständlichkeit) als Schwäche abzuwerten. Man kann in jeder Suppe ein Haar entdecken. Man kann Ihnen vorhalten, Sie hätten in Ihrem Vortrag zu viel oder zu wenig Daten präsentiert; Sie hätten die Probleme zu knapp oder zu ausführlich referiert. *Anything goes* und jedes Referat lässt sich verbessern. Das wissen vernünftige Menschen. Deshalb nehmen sie oft ungeprüft eine Bewertung als Kritik an.

Es geht auch anders: Sie haben sich Mühe gegeben, einen guten Vortrag auszuarbeiten. Deshalb ist der Vortrag – bis zum Beweis des Gegenteils – *gut*:

- „Mir ging es vor allem um den Nachweis, dass ... Es freut mich, wenn meine Ausführungen verständlich und anschaulich waren."
- „Mir ist ein klar formulierter Gedanke wichtiger als zehn unverständliche Sätze."

Bei Ihrer Entscheidung, wie Sie auf rhetorische Strategien reagieren, müssen Sie bedenken, wer sie einsetzt. Ein Student wird einer Professorin nicht antworten: „Argumente bitte, kein Namedropping." Einige Antworten sind also nur dann sinnvoll, wenn man in einer gleichberechtigten Position ist.

Und Sie sollten nicht hinter jeder Frage oder Aussage eine rhetorische Strategie vermuten.

5 Vom Umgang mit schwierigen Diskussionsteilnehmern

Meinungsverschiedenheiten sind kein Problem, wenn sie sachlich ausgetragen werden. Diskussionen können ein wichtiges Mittel sein, um die Klärung eines Problems voranzutreiben. Können.

Verlaufen Diskussion anders, kommt es vor allem darauf an, weder missmutig in Schweigen zu verfallen noch so viel Unmut zu „tanken", dass man nur noch heftig reagieren kann. Beschreiben Sie deshalb *rechtzeitig* und *präzise*, was Sie aus welchen Gründen stört und was geändert bzw. wie weiter verfahren werden soll:

- „Wir haben verabredet, heute unsere Präsentation zu planen. Wir haben nur noch zwanzig Minuten Zeit und sind immer noch beim zweiten Tagesordnungspunkt. Ich beantrage, die Diskussion zu diesem Punkt jetzt zu beenden, damit noch genügend Zeit bleibt, die Präsentation vorzubereiten."
- „Michael, Du unterbrichst mich zum dritten Mal. Ich möchte ungestört ausreden können. Bitte halte Dich an die Redeliste und unterbrich mich nicht mehr."

Und wenn Vielredner, Dauerkritikerinnen oder Definitionsverliebte am Tisch sitzen? Sagen Sie ihm oder ihr freundlich, wie *Sie* sich eine gelungene Diskussion vorstellen.

Sagen Sie, was Sie wollen

Vielredner: Viele kämpfen lieber ums Wort als anderen interessiert zuzuhören. Selbstdarstellung ist ein zentrales Motiv für die Beteiligung an Diskussionen. In der Literatur können Sie die Empfehlung finden, die die Ohren zuhalten oder den Raum verlassen, wenn Dauerredner die Nerven strapazieren. Ein wenig praktikabler Vorschlag. Wie können Sie Vielredner stoppen, ohne Befremden auszulösen?

Machen Sie deutlich, dass Sie noch andere Meinungen hören möchten, verweisen Sie auf das Ziel der Diskussion, wenn jemand ein Steckenpferd reitet statt zur Sache zu reden. Sie können zudem eine formale Regelung vorschlagen, zum Beispiel eine Begrenzung der Redezeit:

- „Ich verstehe, dass Du an dieser Frage sehr interessiert bist. Trotzdem bitte ich Dich, die Diskussion über diesen Punkt zu beenden, weil wir viele wichtige Fragen noch nicht angesprochen haben."
- „Ich möchte noch weitere Argumente hören und bitte Sie, zunächst andere Teilnehmerinnen und Teilnehmer zu Wort kommen zu lassen."
- Sarahs Engagement ist mit Appellen nicht zu bremsen. Deshalb schlage ich vor, dass wir eine Redeliste führen, an die sich alle halten."

Dauerkritiker: In Diskussionen gibt es fast immer einen Teilnehmer, der alles kritisiert, oder eine Teilnehmerin, die jeden Vorschlag ablehnt. Fragen Sie Kritiker und Schwarzseherinnen nach Vorschlägen bzw. Alternativen:

- „Was schlägst Du vor?"
- „Wie würden Sie es machen?"

Sie können auch nach dem Ziel des Dauerkritikers, nach dem Interesse der Dauerkritikerin fragen:

- „Ich habe den Eindruck, vor Ihnen besteht kein Argument. Deshalb interessiert mich, welchen Sinn Sie in der Diskussion sehen."

- „Welches Ziel verfolgst Du mit Deiner Kritik?"

Definitionsverliebte: Manche Zeitgenossen haben eine Vorliebe für Fragen nach Begriffen und Definitionen:

- „Was verstehen Sie (eigentlich) unter ...?"
- „Welche Bedeutung hat für Dich der Begriff ...?"
- „Wie definierst Du ...".

Weisen Sie Definitionsverliebte und Begriffe-Abfrager darauf hin, dass es *Ihnen* um die Klärung einer Frage, um das Verständnis eines Problems geht und nicht um Definitionswissen oder Begriffsbestimmungen. Oder fragen Sie nach dem Sinn der Fragen. Wenn Sie sich examiniert fühlen, sagen Sie es:

- „Bei allem Respekt vor Ihrer Vorliebe für Definitionen, mir geht es im Moment darum ..."
- „Ich halte es mit Ludwig Marcuse: *Die meisten Definitionen sind Konfessionen.*"
- „Warum ist eine Definition so wichtig?"
- „Ich habe den Eindruck, Du willst mich examinieren. Das stört mich."

Mit widersprechenden Antworten irritieren

Und wenn diese Anstrengungen vergeblich sind? Wenn sich im Laufe der Diskussion das Gefühl einstellt, *das ist mir wirklich zu blöd*?

Dieses Gefühl kann ein Fluchthelfer sein: Andere werden dafür verantwortlich gemacht, dass man es nicht schafft, nachdrücklich die eigene Meinung zu äußern oder zu widersprechen.

Und dieses Gefühl kann ein zutreffendes Urteil unterstützen: Es lohnt *wirklich* nicht, sich hier ein Bein auszureißen. Für diese Situation stelle ich Ihnen ein Hausrezept vor.

Das Mittel, ein Nerventonikum, weist Parallelen zu Naturheilverfahren auf: Es ist nicht ausreichend wissenschaftlich begründet – aber es hilft oft. Das Mittel heißt *widersprechende Antworten.*

Anwendungsgebiet: Fruchtlose Diskussionen, die ohne große Anstrengung so bestritten werden sollen, dass man mit dem eigenen Verhalten zufrieden ist.

Wirkung: Widersprechende Antworten führen zur Irritation von Diskussionsteilnehmerinnen und Diskussionsteilnehmern, die durch häufiges Nörgeln oder Besserwissen auffallen und ein Faible für Sticheleien haben.

Gegenanzeigen: Widersprechende Antworten sollten nicht eingesetzt werden, wenn man nicht damit umgehen kann, dass Nörgler oder Besserwisser irritiert schweigen.

Wechselwirkungen mit anderen Kommunikationsmitteln sind nicht bekannt.

Dosierung: In der Regel genügen zwei widersprechende Antworten pro Diskussion.

Zusammensetzung: Widersprechende Antworten bestehen aus 50 Prozent Durchblick und 50 Prozent Selbstbewusstsein: Ich muss nicht alles mitmachen und mich nicht auf jedes Niveau herablassen. Ich kann mit den Folgen meines Handelns umgehen.

Und dies sind einige widersprechende Antworten, die Sie mit einer direkten Ansprache beginnen können: „Was meinen Sie ...

- Ist es sinnvoll, den Gesprächsstil anderer zu imitieren?"
- Ist ein Witz den Preis wert, den seine Opfer zahlen?"
- Welche Alternativen gibt es zu nichts sagenden Floskeln?"
- Welchen Platz hat der Kampfgeist in einer Diskussion?"
- Ist es notwendig vorzugeben, etwas verstanden zu haben, wenn man es nicht verstanden hat?"
- Ist es peinlich, seine Meinung aufgrund einer Diskussion zu ändern?"[55]

Widersprechende Antworten gehen nicht auf den Inhalt von Sticheleien, verqueren Fragen oder unsachlichen Urteilen ein. Das ist Ziel und Risiko zugleich. Widersprechende Antworten signalisieren ohne ein unfreundliches Wort: *Dieser Stil ist unter meinem Niveau.* Das Risiko: Die oder der so Angesprochene kann dieses Signal nicht interpretieren. Das ist dann ein Problem, wenn auch die anderen Diskussionsteilnehmerinnen und Diskussionsteilnehmer die Intention Ihrer widersprechenden Antworten nicht hören. Deshalb: Vorsicht.

---

55 Anregungen für weitere widersprechende Antworten dieser Art finden Sie in: Theodore Zeldin: Wie ein gutes Gespräch Ihr Leben bereichert. München 1999.

6 In Diskussionen bestehen: 7 Empfehlungen

1. Klarheit über das Ziel Ihres Diskussionsbeitrags ist Voraussetzung für strukturiertes Argumentieren. Deshalb steht am Anfang die Überlegung: Was will ich erreichen?
2. Sie müssen nicht wie aus der Pistole geschossen antworten, wenn Ihnen eine Frage gestellt wird. Nehmen Sie sich Zeit zum Antworten. Mit einer Pause signalisieren Sie: Ich stehe nicht unter Druck. Ich denke nach, um keine oberflächlichen Antworten zu geben. Denkpausen sind souverän.
3. Widerstehen Sie der Tendenz, nur mit dem „Kritik-Ohr" zu hören und sich deshalb unnötig zu rechtfertigen.
4. Antworten Sie auf unsachliche Fragen nicht unter Niveau. Zahlen Sie nicht gleicher Münze heim. Sprechen Sie es an, wenn unsachliche Fragen und Bewertungen in einer Diskussion nicht die Ausnahme, sondern die Regel sind.
5. Lassen Sie sich von rhetorischen Tricks nicht verunsichern. Wenn Sie sachlich reagieren, sammeln Sie bei vielen Diskussionsteilnehmerinnen und Diskussionsteilnehmern Pluspunkte. Sie können die meisten rhetorischen Strategien übergehen oder mit folgendem Hinweis kommentieren: „Ich halte es für zweckdienlicher, Sie verzichten auf diese rhetorischen Strategien".
6. Sagen Sie es *rechtzeitig*, wenn Sie der Diskussionsverlauf stört. Beschreiben Sie *präzise*, was Sie stört und was geändert werden soll.
7. Vermeiden Sie Weichmacher. Setzen Sie verbale und nonverbale Verstärker ein, um Ihrem Diskussionsbeitrag Nachdruck zu verschaffen.

Auf einen Blick: Die 10 besten Hinweise über das Reden (und Reden schreiben)

	Autor	Seite
Man muss etwas zu sagen haben, wenn man reden will.	Goethe	53
Alles, was uns imponieren soll, muss Charakter haben.	Goethe	96
In der Beschränkung zeigt sich erst der Meister.	Goethe	98
Alles sagen zu wollen, ist das Geheimnis der Langeweile.	Voltaire	42
Der Redner sei kein Lexikon. Das haben die Leute zu Hause.	Tucholsky	40
Was gestrichen ist, kann nicht durchfallen.	Tucholsky	40
Ein guter Vortrag hat einen interessanten Anfang, einen gelungenen Schluss. Und Anfang und Schluss liegen möglichst dicht beieinander.	Twain	67
Das ist ein widriges Gebrechen, wenn Menschen wie die Bücher sprechen.	Reiners	44
Es ist einfacher, den Mund zu halten als eine Rede.	Erhardt	59
Man brauche gewöhnliche Worte und sage ungewöhnliche Dinge.	Schopenhauer	114

Literaturempfehlungen

Einleitung

Peter Geimer, Valentin Groebner: Einsamer Auftritt. Gehen Sie eigentlich gerne zu Vorträgen? Leipzig: Institut für Buchkunst 2006

Lampenfieber senken, Ausstrahlung erhöhen

Maud Winkler, Anka Commichau: Reden. Handbuch der kommunikationspsychologischen Rhetorik. Reinbek: Rowohlt 2005 (rororo 61944)

Ansprechen statt langweilen: Referat und Vortrag

Marion Grussendorf: Presenting in English. Berlin: Cornelsen Verlag 2007

Medien professionell einsetzen

Albert Thiele: Präsentieren Sie einfach. Frankfurt/Main: F.A.Z.-Institut für Management-, Markt- und Medieninformationen 2007

Sprechen wie man spricht: Schreiben fürs Reden

Jens Kegel: Selbstvermarktung freihändig. Schreiben fürs Reden – auch gegen den Strom. Göttingen: BusinessVillage 2009

In Diskussionen bestehen: Strukturiert argumentieren, souverän mit Fragen und Kritik umgehen

Jürgen August Alt: Richtig argumentieren. München: C. H. Beck 6. Aufl. 2004

Personenregister

Bader, Renate 33
Behrens, Michael 53
Brecht, Bertolt 125

Cato, Marcus Porcius 28

Eisler, Hans 125
Erhardt, Heinz 59

Franck, Norbert ..... 10, 30, 90 f., 114, 133

Gaßdorf, Dagmar 74
Geißler, Heiner 109
Glaser, Connie B. 16
Goethe, Johann Wolfgang von 27, 53, 96, 98

Hasse, Marc 10
Himmelrath, Armin 10
Höcherl, Hermann 152

Kaube, Jürgen 78
Kegel, Jens 16
Kennedy, John F. 115
King, Martin Luther 124

Leuninger, Helen 74
Lichtenberg, Georg Christoph 72
Lodge, David 116
Luther, Martin

Marcuse, Ludwig 156

Morgen, Kurt 28
Nietzsche, Friedrich 23, 70
Nowottny, Friedrich 53

Jean Paul (Johann Paul Friedrich Richter) 43
Popper, Karl Raimund 106

Reiners, Ludwig 44
Rommel, Manfred 57
Rousseau, Jean Jacques 151

Schopenhauer, Arthur 114
Schumpeter, Joseph 32
Sethe, Paul 33
Stitzel, Michael 110
Stoiber, Edmund 113

Tucholsky, Kurt ... 31, 40, 41, 65, 72, 108, 113, 119
Twain, Mark 120, 122

Ueding, Gerd 124

Voltaire (Francois Marie Arouet) 42

Wehrle, Martin 77, 97
Waigel, Theo 119
Winkler, Maud 20

Zelazny, Gene 85
Zeldin, Theodore 157

Sachregister

Argumentieren	130 ff.	Lampenfieber		13 f.
Aufmerksamkeitswecker	32 f.	Lehrvortrag		48
Ausstrahlung	21 f.			
		Manuskript		44 f.
Diagramm	85 f.	Medien		77 ff.
Diskussion	129 ff.	s. a. *Visualisieren*		
Dauerkritiker	155	Mind-Map		46
Definitionsverliebte	156			
Unsicherheitssignale	137 f.	Piktogramm		83, 89
Vielredner	155	PowerPoint		78, 97
widersprechende		Präsentieren		96 ff.
Antworten	156			
s. a. *Argumentieren*		Rede		53 ff.
Diskussionsleitung	135	Anrede		54 f.
Dress-Code	51	Einstieg		57 f.
		Etikette		56
Flipchart	100	Schluss		63 f.
Flussdiagramm	91	Zitate		34
Folien gestalten	92 ff.	Referat s. *Vortrag*		
Animation	95	Rhetorische		
Design-Schnickschnack	95	Stilfiguren		123 f.
Farbe	95	Anti-Klimax		126
Informationsmenge	93	Bau-Gleichheit		125
Schrift	94	Bilder		125
Ton	95	Klimax		126
Fragen	143 f.	Kontakt-Stellung		124
unklare Fragen	145	Metaphern		125
unsachliche Fragen	147	Überraschung		126
Zwischenfragen	148	Über-Kreuz-Stellung		125
s. a. *Diskussion*		Verkürzung		126
		Wiederholung		123
Handout	100 f.	Rhetorische Strategien		148
Kritik	148 f.	Schlagfertigkeit		143 f.

Sachregister

Schreiben fürs Reden .... 105 ff.
    Abkürzungen 110
    Analogien 116
    Beispiele 115
    Fragen 114
    Fremdwörter 110
    Pronomen 109
    Satzbau .... 106 f., 118 f.
    Statistiken 111
    Vergleiche 115
    Zahlen 111
Selbstsicherheit 21
Selbstüberforderung 19

Tabellen 83
Tafel 98
Themen-Landkarte 25
Toast 63

Unsicherheitssignale .... 137 f.

Visualisieren .... 78 ff.
    Abläufe 91
    Zahlen 82
    Zusammenhänge 90
Vortrag halten .... 64 ff.
    Anfang .... 66 f.
    Blackout 75
    Blickkontakt 67
    Gestik 69
    Körperhaltung 68
    Lautstärke 70

Manuskript 68
Mimik 70
Pausen 71
Rotwerden 73
Schluss .... 72 f.
Sprechtempo 71
Versprecher 74
Wegweiser 71
zitieren 33
Vortrag vorbereiten .... 28 ff.
    Anfang .... 31 f.
    Ausgangspunkt 29
    Begrüßung 37
    Einleitung .... 31 f.
    Hauptteil .... 40 f.
    Kleidung 51
    Nutzen hervorheben 35
    Schluss .... 42 f.
    Sprechprobe 49
    Taking-home-message 43
    Überblick geben 36
    Vorstellung 39
    Wegweiser 42
    WIAW-Syndrom 40
    Ziel 29
    Zuhörer 30
    Zusammenfassung 42
    s. a. *Aufmerksamkeitswecker*
Vortragspannen .... 73 f.

Zahlenbilder 89
Zitate, zitieren 33

Abbildungsverzeichnis

Abbildung	1	Was bei der Vorbereitung eines Vortrags zu berücksichtigen ist	28
Abbildung	2	Ausgangs- und Bezugspunkt Vortragsziel	30
Abbildung	3	Elemente einer Einleitung	37
Abbildung	4	Umfang und Bedeutung von Einleitung, Hauptteil und Schluss	44
Abbildung	5	Mind Map – Vortrag vorbereiten	47
Abbildung	7	Bundesministerin Ilse Aigner zeigt sich kinderfreundlich	79
Abbildung	6	Der ehemalige Bundesumweltminister Sigmar Gabriel übernimmt im März 2007 die Patenschaft für den Eisbären Knut	79
Abbildung	8	Bild für einen Vortragseinstieg	80
Abbildung	9	Das menschliche Ohr	81
Abbildung	10	Einen Windsorknoten binden	82
Abbildung	11	Piktogramm	83
Abbildung	12	Was mit welchem Diagramm-Typ veranschaulicht wird	85
Abbildung	13	Kreisdiagramm	86
Abbildung	14	Kurvendiagramm	87
Abbildung	15	Säulendiagramm	88
Abbildung	16	Balkendiagramm	88
Abbildung	17	Balkendiagramm	89
Abbildung	18	Daten als Zahlenbild	90
Abbildung	19	Zusammenhänge visualisieren	91
Abbildung	20	Elemente eines Flussdiagramms	91
Abbildung	21	„Klassische" Fehler der Folien-Gestaltung	92
Abbildung	22	Informationen gestalten – Beispiel Textfolie	93
Abbildung	23	Hintergrund und Schrift	95
Abbildung	24	Mit PowerPoint erstelltes Folien-Handout	101
Abbildung	25	Erste Seite eines Handouts mit Themen-Landkarte	103
Abbildung	26	Zahlen präsentieren	112

Abbildung 27	Diskussionsbeitrag: Denkplan	131
Abbildung 28	Diskussionsbeitrag: Redeverlauf	131
Abbildung 29	Argumentationsstruktur Problemlösung	132
Abbildung 30	Argumentationsstruktur Standpunkt begründen	134

MIX
Papier aus verantwortungsvollen Quellen
Paper from responsible sources
FSC® C105338

If you have any concerns about our products,
you can contact us on
ProductSafety@springernature.com

In case Publisher is established outside the EU,
the EU authorized representative is:
**Springer Nature Customer Service Center GmbH
Europaplatz 3, 69115 Heidelberg, Germany**

Printed by Libri Plureos GmbH
in Hamburg, Germany